BuddhAll

BuddhAll.

All is Buddha.

BuddhAll

楊仁山文集

現代中國佛教之父

目錄

法義

雜述

書評

敘跋

書信

新版序

現代中國佛教概念源自楊仁山，而楊仁山居士的視野，改變了當代中國佛教。

漢傳佛教自宋、元、明、清以來，未能開創新局而逐漸衰頹。在佛法的格局、研究、修證上，幾成向下的無盡迴旋。尤其在元、清的文化撞擊及清末的國家動盪，都讓漢傳佛法幾成窒息。並且在「去其精華、取其糟粕」的惡性循環中，在視野、義理與修證上逐漸流失，僅存著儀式、禮拜與廟產的傳承。於是，佛教竟被指稱淪為時代翻新的障礙，而歷代累積的龐大寺產，也成了覬覦的對象。佛教實已到了危急存亡之秋！

但我一向認為偉大的宗教心靈是社會最後的良心，也是生命中最重要的指歸，在這因緣時節中，楊仁山居士的出現，給了中國佛教翻轉的曙光。我們不能說沒有楊仁山居士的出現，中國佛教就失去了所有的希望，但我們可以說楊仁山居士的出現，給現代中國佛教帶來了新機運！

願景與器識決定了生命的格局，而在時空的運轉當中，這超脫的識見與格局，有時會比個人的學養與行止更能開創新時代。而菩薩不正是以願景來開創新時代的人嗎？

歷史的運作，似乎總像是有著一連串的偶然，串成了不是偶然的歷史軌跡。原本已極為衰微的中國佛教，再加上清代咸豐初年到同治年間更受到太平天國的致命打擊，幾至於滅亡。因為太平天國諸王雖不精純於基督教的純正信仰，卻能在「消滅異端」上發起絕然的聖戰。在太平天國所攻克過的六百餘座城市，勢力遍及十八省，這些以中國東南一帶為主的地區，原是清朝佛教的精華區域，如今在已奄奄一息中，又受到了致命的打擊。

但就像量子的糾纏一樣，在歷史上，似乎也有著無限量子交映的緣起痕跡。楊仁山在偶然的機緣中，進入了佛法新興的歷史因緣。

以楊仁山的家庭情境，其一生成為清朝的中階官員，應是極為自然之事。他的父親樸庵公，與曾國藩為同年進士。他自幼善讀能文，但不喜科舉。個性任俠、好讀書而熟習馳射擊刺之術。當咸豐三年（公元一八五三年）他年十七時，太平天國軍隊進攻安徽。在前後十年間他學習音韻、曆數、天文、地理及黃老等學。

楊仁山先生對工程、科技專業十分嫻熟，因此曾國藩、李鴻章「皆以國士目之」。但楊先生淡於名利，並富有國族意識，因此不願為官。雖然經過保舉，但皆推辭不就，最後為了家計，才任職於江甯籌防局。

楊先生對於現代科技新學的理解與曾出使歐洲英、法經驗，讓他在國際視野與時代思想上有了新的高度，並結識了像日僧南條文雄等國際友人。這對他後來在佛法事業上的開創有極大的助益。楊仁山居士的傳人歐陽竟無先生，在所書的《楊仁山居士傳》中，說到楊居士對佛法有十大功德：

「一者：學問之規模弘擴，二者：創刻書本全藏，三者：搜集古德逸書；四者：為雕塑學畫刻佛像；五者：提倡辦僧學校；六者：提倡弘法於印度；七者：創居士道場；八者：捨女為尼，孫女外甥女獨身不嫁；九者：捨金陵刻經處於十方；十者：捨科學伎藝之能，而全力於佛事，菩薩於五明求，豈不然哉！」歐陽先生是楊居士的衣鉢傳人，對他的評論自是最為透脫允當。

尤其楊仁山居士雖然「教宗賢首，行在彌陀」但他對諸宗的弘揚與興復，皆有其重要貢獻。尤其他在佛法事業上的成就，更可以三個分類來簡述。

一、金陵刻經處的佛法經論流通

清代許多中國佛教的典籍，在太平天國一役之後，幾乎完全佚失。因此楊居士成立

「金陵刻經處」蒐羅重刻喪失的經論。他透過日僧南條文雄將中國失傳，而日本尚能尋覓的佛書，寄至中國重刊。而日本在編纂卍字續藏經時，楊居士也將日本所無的佛典，寄給南條文雄。而他發願編輯〈大藏經輯要〉共包括廿一種，四百六十部，三千二百二十卷。準備陸續刊印，而且又擬作大藏經和續藏的提要。雖然這些計畫，未能全部依願完成，但是他的餘志，經由弟子歐陽竟無繼承而光大，在民國之後，使中國佛學界，有了一番輝煌氣象！

二、祇洹精舍與佛教人才的培育

在「金陵刻經處」所附設的「祇洹精舍」與「佛學研究會」，是清代末年中國的佛學重心。楊居士對於佛教教育的革新與佛法研究，投入了大量心力。

「祇洹精舍」是當代中國第一所新式佛教教育的學堂，設於光緒三十四年。其中的課程除了佛法之外，更兼授中文、英文等世間學問。雖然經過兩年，因為經費問題而停辦，但是以為現代佛法的僧伽教育，指引出一個全新的方向。尤其就讀其中的學生，有僧俗十餘人，但後來對中國佛教的發展，有著重要的影響力，其中後來佛教的領袖太虛大師，即是學生之一。

三、國際佛教的視野

楊仁山居士曾與英國傳教士李提摩太，在上海將《大乘起信論》合譯成英文。雖然李提摩太擅自「以私見穿鑿」而失精準，但此舉開啟了一扇國際之門。

光緒二十一年（公元一八九五年）錫蘭摩訶菩提學會會長達磨波羅來華，經由李提摩太的介紹，在上海與楊仁山居士會面。達磨波羅以復興印度佛教為目標，楊居士十分贊同，計畫訓練一批精通英文、梵文、巴利文的青年，到印度協助摩訶菩提協會弘揚佛法，而這就是「祇洹精舍」成立的因由。

太虛大師在〈三十年來之中國佛教〉中的開宗明義說道：「距今三十年（光緒三十四年），金陵刻經處楊仁山居士，得錫蘭摩訶菩提會會長達磨波羅居士來書，約共同復興印度之佛教，以為傳布佛教於全球之基本。楊居士因就刻經處設立祇洹精舍，召集緇素青年十餘人，研究佛學及漢文，兼習英文以為進探梵文、巴利文之依據。後雖以經費之絀，不二年即停止。……（中略）且參預祇洹精舍諸緇素，若歐陽漸、梅光羲、釋仁山、智光等，多為現今佛教中重要分子，而筆者亦其中之一人也。」

我想太虛大師後來在推動「世界佛教聯合會」等國際佛教的弘化，應當受到楊仁山居士的啟發。

歷史自有其特別的因緣，就像在量子世界中的交互相映一樣。許多的人與事，就如是的因緣交錯，呈現在歷史現場，共願成行。

在歐陽竟無的〈楊仁山居士傳〉中曾提到楊居士的門下：「唯居士之規模弘廣，故門下多材，譚嗣同善華嚴，桂伯華善密宗，黎端甫善三論。而唯識法相之學有章太炎、孫少候、梅擷芸、李證剛、蒯若木、歐陽漸等，亦云夥矣。」因此，楊仁山居士的友人與門下，相應了現代中國佛教的主流大勢，甚至影響了當代中國哲學的發展。

其中太虛大師及歐陽竟無先生兩人及其門下，可以說是現代中國佛教的兩大主流。因此，以楊仁山居士為現代中國佛教之父，自是審的之言。

洪啟嵩

總序——一九七八年

民國以來，中國佛教處於內外雙重變局當中，不僅外在面臨世界與時局的急速變遷，內在也醞釀著革新、求變的氣息。

佛教自宋、元、明、清以來，成長已成停滯，甚至每況愈下。佛教僧侶似乎失去了隋唐佛教的氣魄、學問、人格、修持及創新的精神；只知固守著已失去佛教精神的傳統糟粕。在無知無識、德能俱尠的情況下，遇此變局便無法適應，遂招來了前所未有的困擾，並將遭到侵奪的命運。在整個環境求新求變的要求下，佛教淪為老舊的象徵；而匹夫無罪懷璧其罪，歷代累積而來的龐大寺產，却成為社會覬覦的對象。因此自清末以來廢教之議屢見呼籲；而「廟產興學」，也在清末、民初成為政府與民間名流所流行的口號。此時的寺院不僅傳教無力，甚至生存都成了問題。

在佛教內部，素持著歷來的殘習，失却了佛法的內在精神與緣起妙義，只知抱殘守缺，但以儀式為師，拿著幾句祖師法語，便謂之住持禪宗；僅依彌陀一號，即謂最上一乘。明、清以來，佛教的頹敗、陳腐與俗化，此時已達到極點，而昧於時勢潮流與大眾的需求，更早已形成內在求變的格局。

在這種波蘭壯闊、風雲萬端的時代裏，往往會產生偉大的英雄人物，力挽狂瀾以開創新的局面。我們出版的這套書就是想呈現當時佛教徒向這個偉大時代的呼應，並作為今日佛教對當代文化的反省。在搜尋的過程中，重新檢視各大師的心路歷程，不時生起一絲悲愴之感，那種氣魄與承擔，在現在的台灣佛教中，似乎又已隱然不現了。從歷史發展的角度來看，自政府播遷來台的近四十年中，台灣佛教彷佛呈顯出一種後退的狀態；在文化、教義乃至修證上，反都比不上民初的大德。此中我們只能舉出一位印順導師，或一位廣欽老和尚，能令人稍覺安慰；然而，他們的德行，却非建立於四十年來的台灣，而早緣成於遷台前的大陸。我們可以說四十年來的台灣佛教尚未真正造就一位大師級的人物，這實在是需要深切反省的。

面對這樣一個呈現歷史倒退的現象，身為一個佛教徒，應如何為歷史的承擔作反省呢？這是編纂此文集的背後動機。

偉大的宗教心靈是社會的最後良心，也是生命意義的最終指歸。在本文集中，我們選取了楊仁山、太虛、歐陽竟無、虛雲、弘一、印光、圓瑛、呂澂、法尊、慈航等十位大師，作為指標。這十位大師各有其重要的貢獻及代表性。在傳承上，民國以來的佛教界，有兩大系最受到海內外的重視，也發生過最大的影響。其一是以太虛大師為中心的出家學僧；其二是以歐陽漸（竟無）為中心的在家佛教學者。而太虛與歐陽皆同出於楊仁山居士的金陵祇洹精舍，也可說同出一系。所以美國學者唯慈稱楊仁山先生為「現代中國佛教之父」。呂澂為歐陽大師高弟；法尊、慈航為太虛大師門下；虛雲、弘一、印光則與太虛同稱民初四大師；圓瑛長於太虛，並曾相與結為兄弟，雖然其後見解各異，圓瑛仍為傳統佛教的一代領袖。以下將此十位大師的特色簡介如下：

一、**楊仁山：**是「現代中國佛教之父」，開創了當代佛教研究新紀元的劃時代大師。

二、**太虛：**提倡人生佛教，發揚菩薩精神，開創佛教思想新境界，公允為當代最偉大的佛教大師。

三、**歐陽竟無：**窮真究極，悲心澈髓，弘揚闡述玄奘系唯識學，復興佛教文化的不世大師。

四、**虛雲：**修持功深，肩挑大陸佛教四眾安危，不畏生死，具足祖師德範，當代最偉大的禪門大師。

五、弘一：天才橫溢，出格奇才，終而安於平淡，興復律宗，當代最偉大的律宗大師。

六、印光：孤高梗介，萬眾信仰，常將死字掛心頭，淨土宗的一代祖師。

七、圓瑛：宗教兼通，保寺護教，勞苦功高傳統佛教的一代領袖。

八、呂澂：承繼歐陽唯識，自修精通英、日、法、梵、藏語，當代佛學學力無出其右的佛學大師。

九、法尊：溝通漢藏文化，開創中國佛教研究新眼界的一代佛學大師。

十、慈航：以師（太虛）志為己志，修持立學，開台灣佛教新紀元的大師。

在此我們謹向他們致敬：並祈望他們的高風亮節與精神，能傳承於今日並發揚光大，照亮這個時代。

中華民國七十六年七月洪啟嵩
黃啟霖 序於文殊

楊仁山居士事略

石埭楊居士文會，生於道光丁酉年十一月十六日丑時。母孫太夫人娠居士時，夢入一古剎，庭有巨甕，覆以箬笠。啟視，則有蓮花高出甕口。旋驚寤。是年，居士生。居士父樸庵先生適於是年舉于鄉，先生因是益鍾愛之。明年成進士，授職西部，舉家北上。

居士童時，示現遊戲，條理秩然。九歲南歸，十歲受讀，甚穎悟。十四能文，雅不喜舉子業。唐宋詩詞，時一瀏覽，間與知交結社賦詩為樂。性任俠，稍長，益復練習馳射擊刺之術。年十六，夫人蘇氏來歸。次年，洪楊起事，鄉時俶擾，不遑安居。計自樸庵先生以次老幼幾十人，轉徙徽贛江浙間，往還十年，屢瀕于危。然卒未嘗遭險者，居士部署之力也。里居，襄辦團練。在徽甯則佐張小浦中丞、周百祿軍門。理軍事，跣足荷槍，身先士卒，日夜攻守不倦。論功，則固辭不受。生平好讀奇書，流離轉徙，异敝簏貯書以隨。凡音韻、曆算、天文、輿地，以及黃、老、莊、列，靡不領會。

同治元年壬戌，皖省平，由江西遷居安慶。逾年秋，樸庵先生捐館舍，時居士年二十七。家無儋石儲。曾文正檄委穀米局。甲子，歸葬樸庵公于鄉。事畢回省，感時疫，病久。自是厥後，率為居士學道之年矣！

先是有不知誰何之老尼，授居士「金剛經」一卷。懷歸展讀，猝難獲解，覺甚微妙，什襲藏弆。嗣於皖省書肆中得「大乘起信論」一卷，擱置案頭，未暇寓目。病後，檢閱他書，舉不愜意。讀「起信論」，乃不覺卷之不能釋也。賡續五徧，窺得奧旨。由是徧求佛經。久之，于坊間得「楞嚴經」，就几諷誦，幾忘身在書肆；時日已斂昏，肆主催歸，始覺悟。此後凡親朋往他省者，必央覓經典。見行腳僧，必詢其從何處來，有何剎竿，有無經卷。一心學佛，悉廢棄其向所為學。

乙丑，來金陵，得經書數種。明年，移居甯。于時，董江甯工程之役。同事真定王公梅叔邃于佛學，相得甚歡。復與邵陽魏剛己、陽湖趙惠甫、武進劉開生、嶺南張浦齋、長沙曹鏡初諸君子遊，互相討論，深究宗教淵源。以為末法世界，全賴流通經典普濟眾生。北方龍藏既成具文，雙徑書本又燬于兵燹，于是發心，刻書本藏經，俾廣流傳。手草章程，得同志十餘人，分任勸募。時發心最切者，為江都鄭學川君；鄭君未幾即出家，名妙空子。創江北刻經處于揚州東鄉之磚橋雞園，刻經甚夥。居士乃就金陵差次，擘畫刻經事。日則董理工程，夜則潛心佛學。校勘刻印而外，或誦經念佛，或靜坐作觀，往往至漏盡就寢。所辦工程，費省工堅，軼其儕輩。曾、李諸公，咸以國士目之。知其淡于名利，每列保奬，不令前知。

夙著勤勞，身兼數事，頗以障礙佛學為苦。癸酉歲，屏絕世事，家居讀書，北洋李文忠函聘辦工，辭不往。是歲，參考「造像量度」及淨土諸經，靜坐觀想，審定章法，延畫家繪成極樂世界依正莊嚴圖、十一面大悲觀音像，並搜得古時名人所繪佛菩薩像，刊佈流通，以資供奉。甲戌，泛舟遊歷蘇浙，禮舍利，朝梵音，聞洞庭西山有古剎，度多舊經，隻身獨往，搜求殆徧，迄無所得，而資斧缺乏，幾至不成行。時家計亦艱窘，因復就江甯籌防局差。綜計數年以求所刻之經，漸次增益，擇定金陵北極閣，集資建屋，為藏庋經板地。延僧住持，供奉香火。旋為人所覬覦，起爭端，乃移藏家中，延友人專司其事。居士後雖暫離金陵，而刻印不輟。

光緒元年乙亥，經理漢口鹽局工程。明年，曹君鏡初約赴湘，議長沙刻經事，兼受曾惠敏聘，襄辦傳忠書籍。因獲覽南嶽之勝，登祝融峰頂。戊寅，惠敏奉使使歐洲，隨赴英、法，考求法國政教生業甚詳。精究天文、顯微等學，制有天地球圖並輿圖尺，以備將來測繪之需。期滿假歸，辭不受奬，仍以刻經為事。壬午，至蘇州，覓藏板之地于元墓山香雪海。經費未集，購地未成，比輟議。丙戌春，應劉芝田星使召，隨往英倫，考察英國政治製造諸學，深明列強立國之原。三年既滿，先行假歸，仍不受保獎。居士時已五十有三，嘗語人曰：「斯世競爭，無非學問。歐洲各國政教工商，莫不有學。吾國倣效西法，不從切實處入手，乃徒襲其皮毛。方今上下相蒙，人各自私自利，欲興國其可得乎？」復以世事人心愈趨愈下，誓不復與政界往還。乃于東瀛購得小字藏經全部，閉戶誦讀。

庚寅夏，走京師，禮旃檀佛像，並求藏外古德逸書。適居士內弟蘇少坡隨使節東渡，則寓書南條文雄君，廣求中國失傳古本，南條學梵文於英國，與居士素稔。厥後，由海外得來藏外書籍二三百種，因擇其最善者，亟付剞劂。資不給，則出售西洋賚回之各種儀器充數。甲午，與英人李提摩太君譯「大乘起信論」，譯成英文，以為他日佛教西行之漸。乙未，晤印人摩訶波羅于滬濱。緣其乞法西行，興復五印佛教，志甚懇切，居士於是提倡僧學，手訂課程。著「初學課本」，俾便誦讀；一以振興佛學，一以西行傳教，庶末世佛法有普及之一日。是時，日本真宗設本願寺于金陵，幻人法師建講席于江南。相與辯論教宗，書牘往來，不憚萬言，期以補偏救弊為宗。

丁酉年，築室于金陵城北延齡巷，為存經板及流通經典之所。是夏，孫太夫人壽終。闋服，詔其三子曰：「我自二十八歲得聞佛法，時欲出家，徒以有老母在，未獲如願。今老母壽終，自身亦已衰邁，不復能持出家律儀矣！汝等均已壯年，生齒日繁，應各自謀生計，分炊度日。所置房屋，作為十方公產，以後毋以世事累我也。」居士自此得安居樂道。然會釋經疏，維持法教，日無暇晷。嘗語人曰：「吾在世一分時，當于佛法盡一分時之力。」戊戌夏，患頭風，電召長子自新由滬歸來。囑曰：「我病如不起，『楞嚴正脈科判』可托陳樨庵成之，以完此書。」嗣幸醫藥奏效，得以漸痊。丁未秋，就刻經處開佛學學堂，曰：祇洹精舍。冀學者兼通中西文，以為將來馳往天竺，振興佛教之用；國文、英文，同志任之，佛學，居士自任之。就學者緇素二十餘人，日有進益。未及兩稔，因經費不給而止。

宣統庚戌，同人創立佛學研究會，推居士為會長。月開會一次，每七日講經一次，聽者多歡喜踴躍。居士憫宗教之頹衰，悲大道之沉淪，非具擇法眼，難免不為邪見所誤。見日本重印「續藏經」，多至一萬餘卷，似駁雜，特加以選擇，歸于純正。詳訂書目，編輯提要，以示門徑。志願未遂，慧燈輟照，悲哉！辛亥秋，初示疾，自知不起。回憶往時刻經事，艱苦備嘗，而大藏輯要未睹成書，心頗慼慼。及得同志三人，承認分任，則熙怡微笑。佛學研究會同人，擇于八月十七日開會，集議維持保護金陵刻經處之法，並議舉會長一席。會席未散，居士已于申刻去矣！是日上午，猶與同人詳論刻經諸務，及聞近得古本註釋數種，歡喜不已，曰：「予幸得聞此書之存也！」午刻，囑家人為之濯足、剪指甲。至時，乃曰：「此時會友當已齊集會所矣！」須臾小解，身作微寒，向西瞑目而逝。面色不變，肌膚細滑不冰，所謂吉祥而逝者非歟！病中囑其子媳曰：「我之願力與彌陀願力脗合，去時便去，毫無繫累。惟乘急戒緩，生品必不甚高，但花開見佛較速耳！爾等勿悲慘，一心念佛，送我西去，如願已足！」

居士弘法四十餘年，流通經典至百餘萬卷，印刷佛像至十餘萬張，而願力之弘，所囑望于將來者，更無有窮盡也。著有「大宗地玄文本論略註」四卷、「佛教初學課本」、「陰符道德莊列發隱」諸書，久已風行海內。又「等不等觀雜錄」、「論孟發隱」各若干卷待梓。居士卒年七十有五。配蘇夫人，先居士十八年卒。子三人：長自新、次自超、次福嚴。孫七人，庭芬、桂芬、穎芬、智生、緣生、雨生、祥生。曾孫，時逢、時中。

宗述

十宗略說

長白如冠九年，伯作「八宗二行」，自書條幅，刻於武林。予欲附入「禪門日誦」之末而未果。頃見日本凝然上人所著「八宗綱要」，引證詳明，而非初學所能領會。因不揣固陋，重作「十宗略說」，求其簡而易曉也。以前之九宗分攝群機，以後之一宗普攝群機。隨修何法，皆作淨土資糧，則九宗入一宗；生淨土後，門門皆得圓證，則一宗入九宗。融通無礙，涉入交參。學者慎勿入主出奴，互相頡頏也。

律宗（一名南山宗。有另立頭陀行者，此宗所攝）

佛住世時，以佛為師；佛滅度後，以戒為師。戒有大小乘之別，大乘則宗「梵網」、「戒本」等，小乘則宗「十誦」、「四分」等。大則七眾同遵；小則專制出家，以出家為住世僧伽，非嚴淨毗尼，無以起人天皈敬也。唐道宣律師盛宏此宗，著述甚富，時人稱為南山宗。近代寶華山三昧律師專以此法軌範僧徒，師資相傳，代有聞人。夫戒、定、慧三學，次第相須，未有不持戒而能驟得定慧者，而學者往往置之，何也？蓋律學檢束身心，持之者違背凡情，隨順聖道；不持者違背聖道，隨順凡情，安見其脫生死關，斷輪迴路耶？「楞嚴經」中，優波離尊者云：「我以執身，身得自在，次第執心，身得通達，然後身心一切通利，斯為第一。」後之學者，其以是為法焉可！

俱舍宗（一名有宗）

世親菩薩造「俱舍論」，在聲聞對法藏內最為精妙；專弘有宗，源出「毗婆沙論」，陳真諦三藏譯出，併作疏釋之，佚失不傳；唐玄奘法師重譯三十卷，門人普光作「記」，法寶作「疏」，大為闡揚。當時傳習，有專門名家者，遂立為一宗焉。後來通方大士莫不詳覽，及至今日，則無人問津矣！竊以大小二乘不可偏廢，如此妙典，豈可終祕琅函耶？有志之士，其亦措心焉可耳！

成實宗

「成實論」譯於姚秦羅什三藏。其中具名二空，立二種觀，（謂空觀、無我觀）。有二十七賢聖以攝階位，於小乘中，尤為優長。六朝名德，專習者眾，別為一宗。至唐而漸衰，後世則無聞焉！夫古人崇尚之典，必有可觀。好學英賢試取而閱之，亦知一家門徑也。

三論宗（一名性空宗）

「中論」、「百論」、「十二門論」，是為三論。破外道小乘，以無所得為究竟，正合般若真空之旨，故亦名為性空宗。文殊師利為初祖，馬鳴、龍樹、清辨等菩薩繼之。鳩摩羅什至秦，盛弘此道，一時學者宗之。生、肇、融、叡並肩相承，生公門下曇濟大師，輾轉傳持。以至唐之吉藏，專以此宗提振學徒，三論之旨，於斯為盛。天台亦提「中論」，其教廣行於世，而習三論者鮮矣！吉藏有「疏」若干卷，今從日本傳來，或者此宗其再興乎？

天台宗（一名法華宗）

陳、隋間，智者大師居天台山，後人因以山名宗，稱為山家。蓋自北齊慧文禪師悟龍樹之旨，以授南嶽慧思，思傳之智者，而其道大顯。以五時八教，判釋東流一代聖教，罄無不盡。正宗「法華」，旁及餘經，建立三止、三觀、六即、十乘等法，為後學津梁。其著述有三大五小等部，輾轉演暢，不可具述。智者大師親證法華三昧，見靈山一會儼然未散。其說法之妙，從旋陀羅尼流出，無有窮盡。人問其位居何等，乃曰：「圓五品耳！」臨捨壽時，念佛生西。可見佛果超勝，非思議所及。纔登五品，已不能測其高深，而猶以西方為歸。世之我慢貢高，不學無術者，其亦稍知愧乎？

賢首宗（一名華嚴宗）

「華嚴」為經中之王，祕於龍宮。龍樹菩薩乘神通力誦出略本，流傳人間。有唐杜順和尚者，文殊師利化身也，依經立觀，是為初祖。繼其道者，雲華、智儼、賢首、法藏以至清涼、澄觀而綱目備舉。於是四法界、十玄門、六相、五教，經緯於疏鈔之海。而華嚴奧義，如日麗中天，有目其覩矣！後之學者，欲入此不思議法界，於諸祖撰述，宜盡心焉！

慈恩宗

（一名法相宗，奘師雖生兜率，不別立宗。其徒著述仍以極樂為勝也！）

天竺有性、相二宗。性宗則是前之三論，相宗則從「楞伽」、「深密」、「密嚴」等經流出。有「瑜伽」、「顯揚」諸論，而其文約義豐，莫妙於成唯識論也。以彌勒為初祖，無著、天親、護法等菩薩相繼弘揚。唐之玄奘，至中印度就學於戒賢論師，精通其法，歸國譯傳，是為慈恩宗。窺基、慧沼、智周次第相承，論疏流傳日本，今始取回。宋以後提倡者漸希，至明季而大振。著述甚富，皆有可觀。此宗以五位百法，攝一切教門。立三支比量，摧邪顯正。遠離依他及徧計執，證入圓成實性，誠末法救弊之良藥也！參禪習教之士，苟研究此道而有得焉，自不至顢頇佛性，儱侗真如，為法門之大幸矣！

禪宗（一名心宗）

達摩西來，不立文字。直指人心，見性成佛；歷代相傳，人皆稱為禪宗。其實非五度之禪，乃第六般若波羅密也。觀六祖盛談般若，則可見矣！自釋迦如來付囑迦葉為第一祖，二十八傳而至菩提達摩，為東土初祖。又六傳而至慧能，適符衣止不傳法周沙界之記。厥後五家鼎盛，各立綱宗：臨濟則提三玄三要，曹洞則傳五位君臣，以至溈仰之九十六圓相，雲門之三句，法眼之六相。門徑雖殊，其剿絕情識，徹證心源，無有異也。

嘗考古今參學之徒，開悟有難易，證契有淺深。其言下便徹，立紹祖位者，法身大士，隨機應現也。如臨濟遭三頓痛棒，及見大愚而後悟者，大心凡夫之榜樣也。自宋、元至今，莫不窮參力究，經年累月，不顧身命，始得契入者，根器微小故也！或疑禪宗一超直入，與佛祖同一鼻孔出氣，無生死可斷，無涅槃可證，何有淺深之別？不知此宗不立階級，的是頓門；以夙因言之，不無差降。淺深屬人，非屬法也。慨自江河日下，後後遜於前前，及有真參實悟者，已不能如古德之精純；何況杜撰禪和，於光影門頭稍得佳境，即以宗師自命，認賊為子，自誤誤人，豈惟淺深不同，亦乃真偽雜出！蓋他宗依經建立，規矩準繩不容假借。惟禪宗絕跡空行，縱橫排盪，莫可捉摸，故黠慧者竊其言句而轉換之，驫魯者仿其規模而強效之。安得大權菩薩乘願再來，一振頹風也哉？

密宗 （一名真言宗）

如來滅後七百年時，龍猛菩薩開南天竺鐵塔，遇金剛薩埵，受職灌頂；祕密法門，方傳於世。金剛薩埵親承大日如來；即毗盧遮那佛也。龍猛授之龍智；唐初善無畏三藏東來，是為此方初祖。又有金剛智、不空及一行、惠果皆係金剛阿闍梨，大闡密教。此宗以「毗盧遮那成佛經」、「金剛頂經」等為依，立十住心，統攝諸教。建立曼荼羅，三密相應，即凡成聖，其不思議力用，惟佛能知，非因位所能測度。至於祈雨、治病等法，其小焉者耳！然此法門，非從金剛阿闍黎傳受，不得入壇行道。此方久已失傳；惠果之道行於日本，至今不絕。西藏喇嘛亦崇密乘，今時學者但持誦準提、大悲等咒，至心誠懇，亦得密益。欲知其中奧妙，須閱「大日經疏釋」及「顯密圓通」、「大藏秘要」等便悉。

淨土宗（一名蓮宗。有立般舟行者，此宗所攝。）

以果地覺為因地心，此念佛往生一門，為圓頓教中之捷徑也。四生六道蒙佛接引，與上位菩薩同登不退。非佛口親宣，誰能信之？既信他力，復盡自力，萬修萬人去矣！「華嚴經」末，普賢以十大願王導歸極樂，故淨土宗應以普賢為初祖也。厥後馬鳴大士造「起信論」，亦以極樂為歸；龍樹菩薩作「十住」、「智度」等論，指歸淨土者，不一而足。東土則以遠公為初祖；其曇鸞、道綽、善導三師次第相承。宋之永明，明之蓮池，其尤著者也。

以念佛明心地，與他宗無異；以念佛生淨土，惟此宗獨別。古德云：「生則決定生。去則實不去」者，一往之辭，奪境不奪人也。應做四句料揀，如云：「去則決定去。生則實不生者，奪人不奪境也；去則實不去。生亦實不生者，人境俱奪也；去則決定去，生則決定生者，人境俱不奪也。」依淨土三經及天親論，應以人境俱不奪為宗，方合「往生」二字之義。後人喜提唯心淨土，自性彌陀之說，撥置西方彌陀，以謂心外取法，欲玄妙而反淺陋矣！豈知心外無境，境外無心，應現無方，自他不二。現娑婆而顛倒輪迴，汨沒於四生六道之中，現極樂而清涼自在，解脫於三賢十聖之表？彼修唯心淨土者，直須證法性身，方能住法性土，非入正定聚，登初住位不可。其或未然，仍不免隔陰之迷，隨業輪轉耳！此宗以觀想、持名兼修為上，否則專主持名，但須信願切至，亦得往生也！

出世三學，以持戒為本，故首標律宗。佛轉法輪，先度聲聞，故次之以小乘二宗。東土學者，羅什之徒首稱興盛，故次以三論宗。建立教觀，天台方備，賢首闡「華嚴」，慈恩弘法相，傳習至今，稱為教下三家。拈花一脈，教外別傳；灌頂一宗，金剛密授，故列於三家之後。以上各宗，專修一門，皆能證道；但根有利鈍，學有淺深，其未出生死者，亟須念佛生西，以防退墮。即已登不退者，正好面覲彌陀，親承法印，故以淨土終焉。

經說

讀法華經妙音品

此品義味幽深，須以三法釋之：初、依四賓主；次、依四法界；三、依六相。且初，依賓主釋者：釋迦如來，主中主也；多寶如來，賓中主也；妙音菩薩，賓中賓也；文殊菩薩，主中賓也。先由主中主放光東照，妙音方發意來觀。眾寶蓮華既現於靈山會前，文殊乃問世尊，欲知妙音所行三昧，並願見其色相。表二菩薩均在因位，各有分齊，非仗佛力，不能融會。釋迦乃蕲多寶為現。表古佛雖久滅度，神用常興，故一呼即至，乃賓中主召賓中賓也。及至妙音到已，先見釋迦，不見多寶者，表釋迦為此界宗主，多寶現於釋迦界中，非釋迦介紹不能見也。

次，依四法界釋者：妙音，事法界也；文殊，理法界也；釋迦，理事無礙法界也；多寶，事事無礙法界也。前文，釋迦開多寶佛塔，表理事無礙入事事無礙也。多寶分半座與釋迦並坐，正顯事事無礙之象也。文殊表根本智，顯示般若真空之義，理法界也。妙音得種種三昧，淨華宿王智佛為彼說國土淨穢、身量大小，妙音未來時，先現眾寶蓮華。所經國土，雨華動地，天樂鳴空，皆屬事法界也。理事無礙，方能契合，故文殊白佛，欲見妙音。然非事事無礙，不能隨心自在，故釋迦蘄多寶現其相也。

三，依六相釋者：即華嚴經中總別同異成壞也。靈山道場為總相，四聖在會為別相，皆證法華為同相，因果差殊為異相，師資道合為成相，各住自位為壞相。寂音尊者用各不相知之義釋此品，專屬壞相，於經意未能全合。

圓覺經清淨慧章別記

第六章，清淨慧菩薩問法，世尊開示四種淺深證道之相。復說：「居一切時不起妄念，於諸妄心亦不息滅。住妄想境，不加了知；於無了知，不辨真實……」凡三十二字，作四句讀。古今諸師，各申妙解；今為同志宣揚，特出新義，以餉大眾。初句不起妄念者，若就思惟心言之，則與下句不能聯合。當知妄念即是第七識，隨緣執我，便成非量，一切時不起，則七識轉成平等性智矣！第二句之妄心，六識思維心也。七識為六識之根，根既平等，則依根所發之識必無我執，是名妙觀察智。何須息滅？如永嘉答六祖云：「分別亦非意」，深契六祖之道也。第三句住妄想境，前五識也。五根對境而有五識，唯是現量。因有同時意識為緣，則成比量而現量隱，故名加了知。古人徹悟之時，歎為山河及大地全現法王身。若加了知則無此境，不得名為成所作智矣！第四句無了知者，即是第八識無分別智。辨之者第六意識也，意識認為真實，則違八識現量矣！勝鬘經云：「煩惱隱覆真實」，意識不辨，則不被其隱覆，八識轉成大圓鏡智矣！八識既轉，四智全彰，豈非一切種智乎？故下文佛讚德本以結之。

起信論證果

信成就發心者，入圓初住位，即得少分見於法身，便能八相成道，現劣應佛；至十地位盡，見滿分法身；在色究竟天現勝應佛。或疑初住所現劣應佛，不具三身，與妙覺果位有異。又疑十地位盡所現勝應佛，亦不說報身，今為通釋。夫初住位既見法身，而法身徧一切處，即名毗盧遮那，不可以自他情量限之。雖云少分見，但以入理深淺言之，非謂另有分法身在所見之外也。法身者，自受用身也。報身名他受用身，亦稱法界性，徧一切處，隨機顯現。初住菩薩現佛身時，即以毗盧遮那為自法身，以盧舍那為自報身，以色究竟天佛為自勝應身。以一位徧攝一切位故，至十地位盡，現勝應身時，亦復如是。又勝應身即梵網所謂千華上佛。彼經云：「盧舍那化為千釋迦又化為千百億釋迦。」是謂從本起末，若攝末歸本，準例可知。既入佛性海中，釋迦現身，一切法趣釋迦；彌勒現身，一切法趨彌勒——無量諸佛，莫不皆然。

金剛經四句偈說

「金剛經」內每云四句偈等，後人不達，種種解釋，殊失經旨。予讀「法華」至一四句偈，恍然曰：「此即極少之說也。」「金剛」之四句偈等，亦猶是也。後閱智者大師「疏」云：「『般若』第一部六十萬偈，乃至第八部三百偈，即此『金剛般若』。」又閱「華嚴經序」有云：「龍樹菩薩誦得下部，歸於竺乾，凡十萬偈四十八品。傳來此土者，四萬五千偈三十九品。」乃知西土論經，通以四句為一偈，二句為半偈，積若干偈為一品，若干品為一經。四句偈等之旨，復何疑哉？

般若波羅密多會演說

一

今逢淨土真宗法主為振興佛教起見，創開般若波羅密多會。鄙人應召前來，理宜演說支那佛教古今流傳之相：溯自漢明帝時，慧光東照，崇信之人，乘願而出。至姚秦時，廣譯經論，佛教大興；迨至有唐，禪、教、律、淨皆臻元奧。禪則達摩一宗，自六祖以下，五派分立。教則天台、賢首、慈恩，各承家法。律則南山正軌，大小兼弘。淨則善導、懷感誠懇備至。震旦佛教於斯為盛。彼時著述雖多，因刻板未興，類多遺亡。五季之時，佛教稍衰，至宋朝而復興。所出人才，以永明為巨擘，提唱禪宗，指歸淨土，尤為古今所未有也。元、明二代四百年間，方之唐、宋似遜一籌。本朝初年，禪宗鼎盛，著述家純疵間出，近世以來，僧徒安於固陋，不學無術，為佛法入支那後第一隳壞之時。欲求振興，惟有開設釋氏學堂，始有轉機，乃創議數年無應之者，或時節因緣猶未至耶！請以觀諸異日。

二

此會由法主命名般若波羅密多會，今請演說般若之義，為開會之宗本。夫般若者，根本智也。經稱般若為諸佛母，一切佛法之所從生，故大藏經以般若為首。般若在眾生分中，隱而不現，蓋為無明妄想障蔽故也。眾生思慮之心，內典稱為生死根本，乃六識分別，念念不停，雖極明利思想之用，徹於玄微，總不能證般若真智。若欲親證，須由三種漸次而入：一者文字般若，即三藏教典及各宗著述，後學因此得開正見，不至認賊為子；二者觀照般若，依前正見，作真空觀，及中道第一義觀；三者實相般若，由前妙觀，證得諸法實相，即與般若相應，便是到彼岸，可稱般若波羅蜜多矣。達摩一宗，專弘此法，六祖稱為學般若菩薩，此乃以第六度為禪，非第五度之禪也。近時根器下劣，不能剿絕意識，反以意識之明了處，認為般若智慧，譬如煮沙，欲成佳饌，豈可得哉？

三

如來設教，萬別千差，末法修行，難進易退。有一普度法門，速成不退，直趣佛果者，即念佛往生淨土法門也。漢時，經已傳至東土，東晉廬山遠公盛弘此道，千百年來，相傳不絕。宋永明大師有萬修萬人去之語，言之不詳，後人未知其方。今請演其說以供眾聽。竊窺永明之意，深有見於「淨土三經」宗旨。凡具信心發願往生者，臨命終時，皆仗彌陀接引之力，故能萬修萬人去也。然往生雖仗他力，而仍不廢自力，故以修字勉之。蓋生品之高低，見佛之遲速，證道之淺深，受記之先後，皆在自力修行上分別等差。後世有專重自力者，令人疑慮不決，有礙直往之機；又有專重他力者，以致俗緣不捨，空負慈尊之望。二者不可偏廢，如車兩輪，如鳥兩翼，直趨寶所，永脫輪迴矣！

四

立身、成己、治家、齊國，世間法也；參禪、學教、念佛、往生，出世法也。地球各國於世間法，日求進益；出世法門，亦當講求進步。支那國中，自試經之例停，傳戒之禁弛，漸致釋氏之徒，不學無術，安於固陋。今欲振興，必自開學堂始。五印度境為佛教本源，大乘三藏所存無幾，欲興正法，必從支那藏經重譯梵文，先須學習語言文字，方可成此大業也。日本佛教勝於他國，三藏教典及古今著述，最為詳備。欲求進益，須以漢語讀漢文，則文義顯發，必有勝於嚮時。蓋漢文簡而明、曲而達，虛實互用，言外傳神，讀誦通利，自能領會。嚮以和語迴環讀之，恐於空靈之致，有所未愜也。

法義

彌陀報土

古人以四土釋西方極樂世界，復以互相該攝之言通之，仔細參詳，似猶未愜。蓋佛剎具四土者，不可一概而論，經中每云：「或有國土，純是菩薩。」則下二土自無有矣！今依淨土三經所說：一切眾生往生彼國者，皆得衣食自然，究竟徹證無上菩提。是往生者雖未證聖，已非凡界，既無凡界，則不可說凡聖同居矣！又二乘種性往生之後，雖證小果，畢竟趨入大乘，是無實聲聞，便不可說方便有餘矣！統而言之，無非彌陀報土，隨往生者根器不同，見彼國土淺深有異：既入彌陀願海，自業報境全捨，豈有凡界能為牽繫耶？又有高談淨土者，喜提常寂光，亦非本經意旨。蓋十方諸佛所居常寂光，平等無二，尚非淺位菩薩所及，何況下凡？若能入常寂光，則無此界他界之別，又何必說西方耶？既說西方，自以彌陀報土為歸，是為他受用土；若論彌陀自受用土，非常寂光而何？

三身義

清淨法身、圓滿報身、千百億化身，是之謂三身。學佛者若不知三身義，則真假二諦不能圓融。世人所見釋迦牟尼佛從母胎出，修行證道，說法度生，入於涅槃者，皆化身之事也。化身一名應身，以其應眾生之機而出現也。當知釋迦成道以來，經久遠劫，三身具足，一時能現無量化身。猶如月映萬川，彼月之體性能現月形者，法身也；彼月之光明照耀無邊者，報身也；水中所現之月隨處可見者，化身也。若但知化身為佛，而不知普偏平等之法身，萬德莊嚴之報身，則佛陀亦人中之傑出者而已矣！豈能統十界而稱尊，亙古今而常存者乎？他教之言曰：「佛者，受造者也；上帝者，造物者也。」是皆知有化身而不知有法身、報身也。法身者，四聖六凡所同者也，稱為本覺。報身者，萬劫修行所顯者也，稱為始覺。始本合一，方證佛果，然後現無量化身以度含靈。六道凡夫，雖有法身，隱而不現；隨業所受之身，或為人，或為畜，即是報身；無隨類現形之用，故無化身。

此等眾生，顛倒妄想，輪轉無窮，若欲脫此幻夢，殊非深究內典不為功。然內典繁多，從何入手，用功省而收效速也？曰：「有馬鳴菩薩所作「起信論」，文僅一卷，字僅萬言，精微奧妙，貫徹群經。學者苟能熟讀深思，如法修行，從十信滿心，得六根清淨，證入初住，見少分法身。歷十住、十行、十回向、十地、等覺、妙覺，徹證滿分法身，現圓滿報身。以大悲心起隨類用，即現千百億化身，與十方諸佛無二無別也。」或疑六道眾生何能直證佛果？不知眾生本性，即是諸佛法身。迷則輪迴六道，悟則超越三乘，然須多劫修行，方成佛道。更有淨土一門，不假勤修，不廢俗諦，一念淨信，頓超彼岸，可謂方便中之大方便，直捷中之最直捷矣！學者可不勉旃。

大乘律

梁「攝論」戒學中，引「毗奈耶瞿沙毗佛略經」說菩薩戒有十萬種差別，如茲大本，未沾此域。又古德相傳云：「真諦三藏將菩薩律藏擬來此土，於南海上船，船便欲沒，省去餘物仍不能起，惟去律本，船方得進。真諦歎曰：『菩薩戒律，漢土無緣，深可悲矣！』」或疑「攝論」所引戒相，何至如此之多？當知菩薩行門，通十法界。隨入一界，皆具萬行，故有十萬種差別也。又疑九界現身可說戒相，若現佛身，豈得同例？今為釋曰：「菩薩現佛身時，亦有應作不應作之相以為戒藏，故十法界莫不皆然。」又如大部律藏不能至東土者，亦有深義。蓋西土應化聖賢，能應十界之機，隨緣設化，故應受持廣律；若東土修大乘者，局於人道，未能現身他界，故廣律非分。且菩薩行折攝二化，隨類現身，迥出常情之表。未入正位者，或墮疑網，若強效之，恐致墮落，故不入此土。「梵網」十重四十八輕，及「菩薩戒本」四重四十一輕，乃大乘律之總綱。凡發菩提心者，皆應受持也。（謹案：菩薩戒有十萬種差別，見真諦譯「攝論」，世親釋。編者識。）

佛法大旨

佛法大旨，在引導世人出生死輪迴。蓋世人生不知來，死不知去。靜言思之，何以忽而有我？未生以前，我在何處？既死以後，我往何所？茫茫昧昧，誠可哀也。有智慧者，在自性內體究，破妄顯真，忽如夢覺，六通具足。得知過去世曾經無量生死，或生天上，或生人間，或為畜生，或墮地獄、餓鬼，苦樂千差，未來世中，亦復如是，輪轉無窮。徧觀一切眾生頭出頭沒，無有了期。遂發大願：修菩薩道，自度度他，福慧圓滿，得成佛果。所說經法，真實不虛，無論何人，依教修行，皆得成佛；但入門有難易之分，證道有淺深之別，及其成功一也。如來設教，義有多門，譬如醫師，應病與藥。但旨趣玄奧，非深心研究，不能暢達。何則？出世妙道與世俗知見大相懸殊。西洋哲學家數千年來精思妙想，不能入其堂奧，蓋因所用之思想是生滅妄心，與不生不滅常住真心全不相應，是以三身四智，五眼六通，非哲學家所能企及也。近時講求心理學者，每以佛法與哲學相提並論，故章末特為拈出，以示區別。

學佛淺說

先聖設教，有世間法，有出世法。黃帝、堯、舜、周、孔之道，世間法也，而亦隱含出世之法；諸佛、菩薩之道，出世法也，而亦該括世間之法。世間法局於現生，不脫輪迴，出世法透徹根源，永脫輪迴。兼之世界成壞，群生變化，凡情所不能測者，佛門修士，朗然大覺，普照無遺，豈不大快乎哉！然則學佛者當若之何？曰：隨人根器各有不同耳！利根上智之士，直下斷知解，徹見本源性地，體用全彰，不涉修證，生死涅槃，平等一如。此種根器，唐、宋時有之，近世罕見矣！其次者從解路入，先讀大乘起信論，研究明了再閱「楞嚴」、「圓覺」、「楞伽」、「維摩」等經，漸及「金剛」、「法華」、「華嚴」、「涅槃」諸部，以至「瑜伽」、「智度」等論。然後依解起行，行起解絕，證入一真法界，仍須回向淨土，面覲彌陀，方能永斷生死，成無上道。此乃由約而博，由博而約之法也。又其次者，用普度法門，專信阿彌陀佛接引神力，發願往生，隨己堪能，或讀淨土經論，或閱淺近書籍；否則單持彌陀名號，一心專念，亦得往生淨土。雖見佛證道有遲速不同，其超脫生死，永免輪迴，一也。或曰：「同一證道，何不概用普度法門，令人省力？」答曰：「凡夫習氣最重。若令其專念佛名，日久疲懈，心逐境轉，往往走入歧途而不自覺。故必以深妙經論，消去妄情，策勵志氣，勇銳直前，方免中途退墮也。」又問：「上文所說出世法門，如何能括世間法耶？」答曰：「佛法要在見性。真性如水，世事如漚，有何漚不由水起，有何事不由性起耶？子但精勤一心，究明佛法，方信予言之不謬矣」！

雜述

藏經字體不可泥古說

東震旦自有佛經，歷代書寫刊印流通，字體皆隨時宜。明萬曆年間，始刊書本藏經，間用古字。初學患其難曉，後半遂不復用。近代吳下江鐵君寫刻「大乘教典」，改從「說文」字體，好古者賞之。然「說文」所有之字則改矣，其無者仍聽之，亦何貴乎其改也？嘗試論之，佛經字體不與「說文」合者最多。何則？翻梵成華，但取義順，不以文字論古今也。且翻字不翻音者，若此方之字，與彼音未能全符，則加口旁以別之，便知非本字全音矣！如謂「說文」無有，盡行除去，則密咒正音無從可得，斷不可也。又顯說中間靜从閒，中間从間，因世俗相承已久，一見而知分別也。「楞嚴」、「楞伽」之「楞」字，「說文」作「棱」，他書从之，惟佛經內專用楞字，疑係譯經時所定，當从之，不必更改也。菩薩之薩字，「說文」無之，今有人改作薩，謂是薛字之假借也。又有寫作殺，更可駭也！考字典从薩，與古經不符。經中从廾、从阝、从立、从生，當是譯經時所撰，良有多，放也、溢也、甚也、邪也，經中專指男女事，故从女為妥。由此類推，應改與否，從可知矣！

以也。經中婬字多从女旁，專指男女事也。今人欲依「說文」改从氵旁；書中淫字訓義甚

鴉片說

世人修善，名曰白業；世人造惡，名曰黑業。鴉片者，黑業之所感也。何以言之？不觀夫雲棲「施食儀」乎！作滅罪法時，觀餓鬼身中所有罪業，猶如墨汁。以神咒之力，令其墨汁從足心流出，下入金剛際。今時黑業強盛，汲引此汁從地涌出，化作罌粟花鮮妍可愛，及其漿滿，剖而出之，初見灰白，俄而變色，煮之熬之，則純黑矣。豈非餓鬼足下流出之墨汁乎？所最奇者，吸煙之筒，名之曰鎗。不知命名者何所取義也。靜言思之，乃恍然曰：「鎗者，殺人之具也，舉鎗欲殺人，必以口對人，而火門對己，乃吸煙則反是，誠舉鎗以自殺也。」

嘗觀世人終日營營，百計千方，莫非損人利己。惟吸鴉片一事，則專以害己，此所謂天壤間至公之道也。往者與英人講論創法之巧，英人曰：「熬煙之法，吸煙之具，皆造自華人。」益信業力招感，非凡心所能思議者矣！大凡世間毒物，人皆畏而遠之。鴉片之毒，甚於他物，生者為土，熟者為膏，少許入口，即時斃命。而嗜之者一見此物，喜形於色，誠不解其何故也。忽憶經中以世人貪、嗔、癡為三毒，始知內心之毒，與外物之毒，同類相攝，其力最大，斷無他力足以勝之，雖父母撻楚，妻孥詬厲，至死不改。或問吸鴉片人應得何報？答曰：「觀現在形狀便可知矣！」口鼻之間，臭煙出入，面目焦枯，殆無生氣，命終以後，必墮餓鬼道中。「焰口經」中所救餓鬼，即此類也。待其墨汁從足流出，又為後人所吸，輾轉相引，無有已時。非遇佛法教導，往生淨土，其能脫此苦海乎？

觀未來

世間治亂莫能預知，然自冷眼人觀之，則有可以逆料者。且就目前世界論之，支那之衰壞極矣！有志之士熱腸百轉，痛其江河日下，不能振興。然揣度形勢，不出百年，必與歐美諸國並駕齊驅。何則？人心之趨向，可為左券也。不變法不能自存，既變法矣，人人爭競，始而效法他國，既而求勝他國，年復一年，日興月盛，不至登峰造極不止也。或問：「全球無衰壞之國，可與增劫時世媲美乎？」答曰：「迴不相侔也。增劫時世，人心純善，金玉棄而不取。今時號為文明之國者，全仗法律箝制，人心始能帖然。牟利之徒，機巧百出，非極天下之豪富，不能滿其所欲也。」又問：「壞極而興，既聞命矣！至於興之極，能永久不壞乎？」答曰：「不能也。」或問：「何以知之？」答曰：「地球各國全盛之日，兵戈不起，生齒日繁。諺云：一人生兩人，十世一千丁。以三十年為一世，至十世而添人千倍矣。其中不無饑饉疾疫，耗折人口；且減半計之，亦不下五百倍也。歷年三百，而添人五百倍，地不加大，何能容之？彼時先壞商務，繼壞工務。蓋各國齊興，貨物充溢，皆欲阻止他國貨物，不令輸入，而輪船無用矣。貨物既不運售他國，則製造日減，而工人賦閒矣！工商以外，無生業者不計其數，嗁飢號寒，哀聲徧野，豈有不亂者乎？先興者先壞，後興者後壞。統地球各國，壞至不可收拾，所有文學、格致、曆算、工藝，一切盡廢，仍變而為野蠻。向之人民五百倍者，減而賸一分，如現在之數。亂猶不止，必再減一半而亂事方了。爾時，人民敦樸，如洪荒之世。此為亂之極，治之始也。久之又久之，而禮樂文章漸次興起，治亂循環，如是而已。哀哉！眾生營營擾擾，果何為也！」或曉之曰：「此夢境也，舉世皆夢也，然則亦有覺者乎？」曰：「釋迦、彌陀，皆覺者也；十方三世一切諸佛，皆覺者也；菩薩、羅漢、高僧、上士，覺而未至究竟者也。欲醒此夢，非學佛不為功。三藏教典具在，苟能用心，無不得入。而要以淨土為歸，方可醒此大夢也」！

支那佛教振興策

一

中國之有儒、釋、道三教，猶西洋之有天主、耶穌、回回等教，東洋之有神道及儒、佛二教。東西各國雖變法維新，而教務仍舊不改，且從而振興之，務使人人皆知教道之宜遵，以期造乎至善之地。我中國何獨不然？今日者百事更新矣！議之者每欲取寺院之產業以充學堂經費，於通國民情，恐亦有所未愜也。不如因彼教之資，以興彼教之學，而兼習新法。如耶穌、天主教之設學課徒。日本佛寺，亦擴充佈教之法，開設東文普通學堂，處處誘進生徒，近日創設東亞佛教會，聯絡中國、朝鮮，以興隆佛法，猶之西人推廣教務之意也。我國佛教衰壞久矣！若不及時整頓，不但貽笑鄰邦，亦恐為本國權勢所奪；將歷代尊崇之教，一旦舉而廢之，豈不令度世一脈，後人無從沾益乎？為今之計，莫若請政務處立一新章，令通國僧道之有財產者，以其半開設學堂。分教內、教外二班，外班以普通學為主，兼讀佛書半時、講論教義半時，如西人堂內兼習耶穌教之例。內班以學佛為本，兼習普通學，如印度古時學五明之例。如是，則佛教漸興，新學日盛，世、出世法相輔而行。僧道無虛縻之產，國家得補助之益，於變法之中，寓不變之意。酌古準今，宜情宜理，想亦留心時務者所樂為也！

二

泰西各國振興之法，約有兩端：一曰通商，二曰傳教。通商以損益有無，傳教以聯合聲氣。我國推行商業者，漸有其人；而流傳宗教者，獨付缺如。設有人焉，欲以宗教傳於各國，當以何為先？統地球大勢論之，能通行而無悖者，莫如佛教。美洲阿爾格爾曾發此議，立佛教學會，從之者十餘萬人。然其所知，僅佛教麤迹，於精微奧妙處，未之知也。故高明特達之士，仍不見信。今欲重興釋迦真實教義，當從印度入手，然後偏及全球。庶幾支那聲名文物，為各國所器重，不至貶為野蠻之國矣。然開辦之始，非籌款不為功。儻得賢士大夫慨然資助，收效於數年之後，不但與西洋各教並駕齊驅，且將超越常途，為全球第一等宗教，厥功豈不偉歟？

釋氏學堂內班課程芻議

蓋自試經之例停，傳戒之禁弛，以致釋氏之徒，無論賢愚，概得度牒。於經、律、論毫無所知，居然作方丈，開期傳戒，與之談論，庸俗不堪，士大夫從而鄙之，西來的旨，無處問津矣！今擬乘此轉動之機，由各省擇名勝大刹，開設釋氏學堂。經費由菴、觀、寺院田產提充，教習公同選舉，酌定三級課程：先令其學習文理，然後教以淺近釋典，約須三年，學成者準其受沙彌戒，是為初等。再令學習稍深經、律、論，三年學成，準其受比丘戒，給牒，是為中等。此後應學深奧釋典，及教、律、禪、淨專門之學。三年之後，能通大意，講解如流者，準其受菩薩戒，換牒，是為高等。聰慧之流，九年學成，具受三壇大戒，方能作方丈，開堂說法，陞座講經，登壇傳戒，始得稱為大和尚。僅學得初等、中等者，只能當兩序職事。若全不能學，仍令還俗，不得入僧班也。近時宗門學者，目不識丁，輒自比於六祖。試問千餘年來，如六祖者，能有幾人？擬令此後非學成初等、中等者，不得入禪堂坐香，以杜濫附禪宗、妄談般若之弊。尼亦倣照此例，略為變通，學成等第，方準受戒。以上三等，倣照小學、中學、大學之例，能令天下僧尼，人人講求如來教法與經世之學，互相輝映，豈非國家之盛事乎？道家者流，雖人數無多，亦可倣此辦理，是在隨時斟酌耳！

釋氏學堂內班課程

普通學

每日課程六堂，每堂一點鐘。上午第一堂佛教，下午第一堂佛教。其餘四堂，分課本國文、理、史學、地理、算法、梵文、英文、東文。

第一年

「四十二章經」、「佛遺教經」、「八大人覺經」「蕅益三經解」「守遂二經註」、「佛教初學課本」「金陵刻經處刊」、「釋迦如來成道記」、「念佛伽陀」徹悟、「菩薩戒本經」「蕅益箋要」、「西方發願文」蓮池自註。以上春夏二季讀誦講解 梁譯、「大乘起信論」纂註義記 直解、「唯識三十論」高原蕅益、「因明論」高原蕅益、「八識規矩」憨山蕅益、「心經」五家註、「阿彌陀經」元照

蕅益 以上秋冬二季讀誦講解、「晨昏課誦」隨時講解、「百法明門」、「小止觀六妙門」以上二種暇時細閱

第二年

「楞嚴經」用纂註正脈疏講解 此經一年若未讀完下年接讀、「大乘止觀」暇時細閱

第三年

「圓覺經」直解略疏 近釋大疏、「金剛經」宗泐蕅益 憨山、「維摩經」肇註折中疏、「十六觀經」四帖疏、「七佛偈」、「信心銘」、「證道歌」、「定慧相資歌」、「萬善後偈」、「願生偈」曇鸞註 以上十種，分上下兩期，讀誦講解、「地藏經」、「顯密圓通」、「原人論」、「高僧傳」、「釋氏稽古略」暇時細閱

專門學

自第四年起，或兩年，或三五年，不拘期限，各宗典籍。或專學一門，或兼學數門，均隨學人誌願。總須一門通達，方可另學一門。不得急切改換，以致一無所成。

俱舍宗　「俱舍論」、「普光記」、「法寶記」

成實宗　「成實論」現用俱舍較成實為優

律　宗　大乘「梵網經」蕅益合註三昧直解　智者疏蓮池發隱賢首疏、小乘、「四分律行事鈔資持記」道宣元照、「毗尼止持」見月、「毗尼作持」見月、「毗尼關要」定菴、「毗尼集要」蕅益

天台宗　「法華經」會義科註、「妙玄節要」、「涅槃經疏」、「刪定止觀」、「釋禪波羅密」、「四教儀集註」、「教觀綱宗」

賢首宗　「華嚴懸談疏鈔」澄觀、「行願品疏鈔」澄觀宗密、「華嚴著述集要」、「法界無差別論疏」賢首、「大宗地玄文本論」略註、「釋摩訶衍論」

慈恩宗　「成唯識論」心要述記　隨疏、「樞要」、「相宗八要」高原蕅益、「瑜伽師地論」、「倫記」、「因明論疏」窺基、「法苑義林章」、「解深密經」、「密嚴經」、「唯識開蒙」

三論宗　「中論」吉藏疏、「百論」吉藏疏、「十二門論」宗致義記、「大智度論」、「三論玄義」、「三論遊意」、「寶藏論」

禪　宗　「楞伽經」憨山筆記蕅益義疏、「會譯」、「思益經」、「五燈會元」、「六祖壇

經」、「禪源諸詮集」、「宗鏡錄」、「萬善同歸集」、「宗範」、「禪林僧寶傳」

密　宗　「大毘盧遮那成佛神變加持經」一行疏釋、「蘇婆呼童子經」、「蘇悉地羯羅經」、「施食補注」蓮池

淨土宗　「無量壽經義疏」慧遠、「無量壽如來會」、「彌陀疏鈔」蓮池、「無量壽三經論」彭際清、「往生論注」曇鸞、「淨土十要」蕅益、「安樂集」道綽、「往生集」蓮池

專門學者，不但文義精通，直須觀行相應，斷惑證真，始免說食數寶之誚。「教乘法數」、「大明三藏法數」宜購置案頭以備查考。

佛學研究會小引

今時盛談維新，或問佛學研究會維新乎？曰：「非也！」然則守舊乎？曰：「非也！」既不維新，又不守舊，從何道也？曰：「志在復古耳！」復古奈何？曰：「本師釋尊之遺教耳！」方今梵剎林立，鐘磬相聞，豈非遺教乎？曰：「相則是矣，法則未也。禪門掃除文字，單提念佛的是誰一句話頭，以為成佛作祖之基，試問三藏聖教有是法乎？此時設立研究會，正為對治此病。頓、漸、權、實、偏、圓、顯、密種種法門，應機與藥，淺深獲益。由信而解，由解而行，由行而證，欲一生成辦，徑登不退，要以淨土為歸，此係最捷之徑也」！

祇洹精舍開學記

釋迦如來涅槃後二千八百六十年，摩訶震旦國外凡學人，建立祇洹精舍于大江之南建業城中，興遺教也。夫如來之教，博大精微，人莫能測，外凡淺智，何足以興之？然當事者不暇計也。輒語人曰：「人皆可以為堯舜，儒門嘗言之矣！我佛門何獨不然？不見夫心佛及眾生，是三無差別之偈乎？以剎那三昧消其時量，則靈山一會儼然未散；以帝網法門融其方域，則舍衛、金陵鏡影涉入。契此道者，超乎象外，何有於華梵，何有於古今，更何有於聖凡耶？」然理雖如是，事須兼盡，以英文而貫通華梵，華梵既通，則古今一致，凡聖交參，皆不離乎現前一念介爾之心，於是乎振鈴開學。正當光緒戊申孟冬之月，闔堂大眾歡喜踴躍，信受奉行。

金陵本願寺東文學堂祝文

維光緒二十五年，歲在屠維大淵獻陬月之吉，金陵日本淨土真宗本願寺特設東文學堂以教華人，一、言語學課，二、普通學課。誠如蓮經所云：治世言語資生業等：皆順正法也。溯自二十年前，創立本願寺於春申江上，今者大法主現如上人屬其弟勝信公來華設本願寺於杭，以十人居之；復設本願寺於吳，以三人居之。金陵為南朝勝地，而北方心泉上人與一柳等五人居焉！上人傳七祖之衣鉢，為四賢之領袖，知道之所自。在元魏則有曇鸞法師、在唐則有道綽法師、善導法師。三師之著作，不傳於華而傳於日本，今則復播之於華，豈非時節因緣耶？留學諸君子或宣教旨，或受和文，微特出世之良因，抑亦處世之勝緣也！然則大法主之德，其可限量乎？爰為之頌曰：

真諦俗諦，如車兩輪，扶桑震旦，齒之與唇。

駕車來游，以道傳薪，方言奇字，奧妙絕倫。

彌陀本願，指示當人，人人信受，一入全真。
提唱洪名，無間昏晨，十萬億剎，明鏡無塵。
大哉釋迦，亙古常新，五洲萬國，一視同仁。

南洋勸業會演說

南洋勸業會為從來未有之創舉。至今六個月會期將滿，各家演說均已齊備，惟宗教一門，尚屬缺典。頃承同志諸君之意，開會演說，以作會場最後之勝緣，鄙人勉承眾志，略為演說。考各國宗教源流，以婆羅門教為最古。自佛教出興，而婆羅門高尚之士咸捨本教而學佛，蓋自知其道義之不如也。東漢時傳來東土，至今一千八百餘年矣！佛教所以勝於他教者，在倡明真性不滅，隨染緣而受六道輪迴。世間苦樂境界，皆是過去世中，因起惑而造業，因造業而受報，至受報時，設法救濟，已無及矣！所謂定業難轉也。不如以佛法導之，令其不造惡因，免受苦果，漸漸增進，以至成佛。則久遠大夢，豁然頓醒，自度功畢，度他不休。此乃佛教濟世之方，與世間法相輔而行，非虛無寂滅之談也！更有深妙道理，須久閱內典，潛心體究，方能領會，非一時所能演說。地球各國，皆以宗教維持世道人心，使人人深信善惡果報，毫髮不爽。則改惡遷善之心，自然從本性發現，人人感化，便成太平之世矣！

印施西方接引圖回向發願偈

稽首無量覺，願舒白毫光，普照法界眾，念佛得清涼。
現身行願足，命終赴蓮邦，尤恐宿障重，昏迷業力強。
念佛因此阻，六道路茫茫，隨業而牽往，昇沈本無方。
昏迷顛倒苦，何日覩覺皇，頂禮彌陀佛，觀音大醫王。
勢至諸海眾，同垂大悲光，照諸昏迷輩，臨終皆吉羊。
身心俱在定，待佛駕慈航，接此念佛眾，普載歸西方。
願見此圖者，敬禮不暫忘，平時觀行熟，得回清泰鄉。

謝客啟

鄙人性喜山林，不貪榮利，自二十七先君子棄世，家貧母老，無以為生，從事於宦途者三十年。內而吳楚，外而英法，公務之暇，遊心釋典，幸得一隙之明，遂以家事委諸兒輩。今年已七旬，精力衰頹，敬告新舊知交，權作謝客之計，及此桑榆晚景，藉以校訂深經，刊之印之，嘉惠後學，庶不負四十年來一片婆心耳。所有遠方來函，概不作答，伏乞鑒原。

南洋勸業會開設佛經流通所啟

性理之學，莫妙於佛經。佛經起自印度，迨東漢時，流傳華夏，至今一千八百餘載；沙門釋子，代有偉人，宰官居士，精通其義者，不可勝數。近時印度佛教衰微，三藏教典求而可得者，獨中國與日本耳。茲逢南洋勸業會開從來未有之奇觀，各省仕商雲集，特將金陵、經揚、常州、姑蘇、杭州等處新刊釋典，擇其要者，裒集一處，以應遠方蒞會諸君購閱。是則區區微忱，所蘄於向道之士也。

闡教芻言

古來闡教大士，莫不以佛經為宗，橫說豎說，皆不違經意。余與真宗教士往還有年矣，而未知其旨趣所在。

頃因北方上人自日本來，建立本願寺於金陵城內，欲將祖書刊板流行。爰取選擇「本願念佛集」一閱之，覺其中違經之語甚多，已略加批評，復取「真宗教旨」詳覽一徧，逐細辯論，歸之北方君，請其轉致同人，商榷彌縫之道，并進以芻言曰：「今日所期於真宗者無他，惟在乎闡教之言，不背淨土三經耳！」夫菩提心為淨土正因，今欲往生淨土，而唱言捨菩提心，是南轅而北其轍也。

嘗觀南條上人「航西詩稿」有斷章取義大師眼三經之要二三策等語，可謂深知本宗教旨者矣！南條之意，欲將本宗教旨，譯布天下萬國，美則美矣，而未盡善也。夫所謂斷章取義者，果與全經意旨不相違乎？若與全經不相違，則不得謂之斷章取義。若相違，則不得謂之釋迦教，即謂之黑谷教矣！

然則若之何而可也？一切教規，概不更動，但將捨聖道之語，隱而不言，不過少小轉移之間，便成契理契機之教。或以違祖訓為疑，而不知非也。且以世法論之，五伯之子孫，豈不能學三王？三王之子孫，豈不能學二帝？以出世法論之，聲聞之門徒，豈不能學緣覺？緣覺之門徒，豈不能學菩薩？此理不待辯而明矣！若必守成法而不許變通，則地球各國，亦不能有維新之氣象矣！

或曰：「其如正、像、末三時所限何？」答曰：「今時正當末法之初分，非其中分、後分也。若初分即將經意抹盡，則中分、後分將如之何？末法尚有七千餘年，此時不將經意昌明，豈能延至如許長時耶？且三時有互攝之義，於末法內亦攝正、像，是在根器不同，亦因時無實法耳！」

或曰：真宗之教重在難易之分，其斷章取義者，捨其難而取其易也。余應之曰：「非也！西方淨土佛力所成，順佛意則往生易，違佛意則往生難。若說法不順經義，則是捨易而就難矣！豈有謗法之人，而能生淨土者哉？」

近代以來，門戶之見牢不可破。支那境內，禪宗一派空腹高心，西來大意幾成畫餅；台教一派尚能講經，惟泥於名相，亦非古法；且諸方名藍，向無學堂造就人才，所以委靡不振也，真宗既有學寮講肆，又開普通學館，是世、出世法兼而習之，人才輩出，何可限量。惟願善學者不為成法所拘，則妙契佛心，允為如來真子矣！鄙人護持正法過於身命，故不避忌諱，冒昧陳言。倘不以為然，笑而置之可也。向後學徒研究淨土三經，精通其義，必有與鄙意暗合者，將拭目俟之。

隨文辯論，書於「選擇集」及「真宗教旨」內者，茲不重出，請閱批本為盼。

雜評

久知真宗之名而未知其實。自小粟栖君力辯之後，始知真宗之所以為真宗矣！彼此答覆，意在言外。觀此番辯論之言，貴宗之骨髓見矣！佛經且任意廢棄，何況凡位學者之言，而不肆口詆訶！率意陳言，可謂不度德、不量力也。

我輩篤信他力，仍不廢自力，諸經之公義也。公等單說他力，不許稍涉自力，黑谷之私見也。欲樹一家之門庭，盡廢千佛之正軌，吾不知其可也。君謂他力信，以為屬他力。我謂信他力，仍從自力起；必欲強分自他，則自他亦假名而已。

佛教眾生，必以破我執為先。蓋人我對待，則生佛懸隔，如空有雲，水中不能見月也。經言眾生處處著，引之令得出，貴君之病，祇在處處執著也。貴宗不能合於經義，即此固執之病也。以凡夫情量判如來聖教，遠之遠矣！

將佛法妙用，作凡夫見解，十萬億佛剎，何時得到？不達佛教開合之妙，所以觸途成滯也。

觀經有九品，大經有三輩，而說淨土無九品，請於三經內指出明顯之文。如是之教，不但娑婆世界有一無二，即十方世界，亦恐無有。何以故？不費功力，速得成佛，迴出思議之表，若在四十年以前聞之，我亦樂從也。

睜開眼，放平心，將淨土三經，挨次閱竟。必須前後文義相貫，知一經終始，絕無矛盾之說，自然不為成見所囿矣！

貴宗所別於通途者，摘其大綱：一曰取一願廢諸願；貴宗以第十八願為宗本，判十九願為非佛本意，則佛有違心之語。故取一願令人專修可也，貶諸願謂非佛意不可也。二曰專他力而盡廢自己力；考經中佛說云云，平心論之，雖以他力為所信，仍以自力為能信也。三曰貶經中所說三輩九品之相為不足貴，而另立一往生之相，駕於九品之上，云往生即成佛；是修行者生品反低，而不修者生品反高也。四曰判聖道為此土成佛之教；夫聖道為十方三世成佛之教，極樂世界亦在其內，所勝者無退緣，常與諸上人同會一處耳。然在淨土得忍以後，度生願切者，必回入娑婆，或往他方世界行大悲利生。淨土菩薩若闕大悲，彌陀亦應訶斥也。

近年見貴宗賢士好學不倦，試一言之，冀有少年英俊突圍而出，佛法不其昌明乎？往者「選擇集」入手，偶一翻閱，置於架上。今因屬刻，不得不閱，即進言之機也。非但黑谷之書，評其瑕疵，即道綽、善導之書，亦有檢點處。如「安樂集」下卷□□□□□支那見之，皆以為不足訓。而刻版已成，無可如何？「善導觀經疏」以三福九品判作散善。夫三福乃修觀之前方便，九品係所觀之境，元照已辯其錯，故不贅言。至於南嶽思禪師「大乘止觀引起信論」中能生一切世、出世間善因果故，於善字下加一惡字，蓮池屢指其錯。大凡違經之語，有識不能默然，從古如是也。唐信行禪師，人皆稱其菩薩應化，而所作之書大違經意，當時即禁止流傳。

佛由菩提心成，猶之飯由米成。今欲喫飯而不準用米，試問可得飯乎？今欲念佛而不準發菩提心，試問可見佛乎？佛者，究竟菩提也；捨菩提心，則無由得佛，猶之捨米無由得飯也。此論如金剛，十方三世無能破壞，請細思之。

黑谷語錄釋經道滅盡持留此經之文，舉淨影以後勸今之語，遂欲將萬年來燈燄欲滅之象，提至今時用之。是釋迦教本有萬年住世，而黑谷直欲促而短之，是何意也？且淨影之旨，重在勸人篤信淨土，非欲盡廢一切經教，而依萬年後之行也。黑谷章末云：「若有片言切合佛意，於菩提果得不退轉」等語，此公先將菩提因廢盡，焉能得菩提果耶？又云：「若於文理有所錯謬，願仰後賢校正。」可惜六百年來無人校正，不知誤卻幾許人矣！

黑谷以菩提心及六度等皆判為雜行，悉應廢捨。誠如彼言，則不發菩提心者，是為正行。廢布施，則慳貪者為正行；廢持戒，則恣縱者為正行；由此推之，瞋恚、懈怠、散亂、愚癡者皆為正行。顛倒說法至於此極，如師子身中蟲自食師子肉，故知佛法非外人所能破也。

眾生違於法性，則樂者生死，慳貪恣縱、嗔恚、懈怠、散亂、愚癡。如來愍之，教令發菩提心，修六度行，逆生死流，順涅槃道；求生淨土，無非為此而已。必欲廢之，不知求生淨土為何事也。

或曰：求生淨土，必須發菩提心，修六度行，不亦難乎？

答曰：無難也。凡信淨土法門者，發願自度度人，同證佛果，即是菩提心矣！專修念佛，見得世間財物無一可樂，不起慳貪想念，即與施度相應矣！專修念佛，逆境現前，不生瞋恚之心，即與忍度相應矣！專修念佛，心不散亂，即與禪度相應矣！專修念佛，不受世俗愚迷，即與智度相應矣！初行之，即是日用尋常，漸次增進，便成菩薩妙行。何必立意掃除，定將出世善法歧而二之，不幾作釋教中之罪人哉？且此七法，惟布施一門，就名相言之，似有施作，其餘六門皆無施作，不過就治習上立此名目耳。奈何判為雜行，謂念佛人必不可修耶！

三輩九品所發菩提心，皆是四弘誓，即不知發此誓者，亦隱含三心。若必指無上菩提之心，是在十信滿時，一發此心，即入圓住，便能現八相成道。上品上生者，見佛之時，即發此心。然凡夫發四弘誓，亦徹於究竟。必至究竟位，弘誓方滿也。所以為因果交徹之心。

三輩九品以外，別有一類，是修觀者往生之相。十六觀以第九為絕頂，可分為九品。然觀成之人，勝於上品上生，以其現生受記也。後之七觀，推而廣之，以盡聖凡之際。

思惟攝取莊嚴佛國清淨之行一語，須善會通。蓋法藏比丘見果知因，其所修菩薩道，皆是莊嚴淨土之因。若捨聖道，何得有淨土耶？

此中是非，當在彌陀會下證明，然恐往生後亦不得見面。蓋我輩所生，是經中已說之土，三輩九品種種莊嚴，即同居而談實報、寂光之土也。公等所生，是經中未說之土，貴論所謂一種真妙，往即成佛之土也。

圓融不妨差別，差別不妨圓融是也。小粟栖君祇許差別，不許圓融，所以差別與圓融相妨矣！

圓融妙理，皆以果法目之，此台教後人之語。賢首嘗云果位不可說，所可說者皆因妨耳。蓋諸佛妙用，即在凡夫日用中，儒書所謂百姓日用，而不知也。

弟於佛法最為慎重，與人接納不輕談論，雖有新學問道，亦不收作門徒。南條、北方諸君，往返二十年，未嘗講論佛法，茲因機緣觸發，不惜一番話墮，引出無限是非。然愈辯而愈明，彼此均有利益。幸承詳細開示，得見貴宗之底蘊，自此次答復後，法不再參末議矣！除非好學之士，夙根發現，負笈前來，虛心請益，仍當善言開導，拚取雙眉拖地也。

書評

書起信論海東疏記後

嘗考傳記，義想與元曉入唐參禪。曉公悟唯心之旨，中途而返，義想（宋傳作湘）就學終南，歲久方歸；賢首作華嚴探玄記寄之，想公命弟子分講，大闡華嚴宗旨。又考諸宗章疏，錄載元曉著述四十七種，而義想僅一卷耳！及見日本大安所作「海東別記序」，稱元曉與法藏同受學於至相之門，始悟義想、元曉一人也。如此方稱憨山德清，蕅益智旭之類。後人不察，歧而二之，誤矣！宋贊寧作二公傳，恍忽離奇，尤不足信。因校疏記，併以識之。

書華嚴念佛三昧論後

彭二林居士撰「華嚴念佛三昧論」，以五門分疏，可謂盡善盡美矣。唯後之問答第四章內，謂方山喫緊提倡，在十住初心，即成正覺，若依自力，積劫熏修，程途尚遠。此語與華嚴圓頓門似覺有礙。何則？方山宗旨，惟是一時一處法門，不立日劫遠近之見。二林見地圓明，當不至以時量為實法，想是偶失檢點耳。

書居士傳汪大紳評語後

居士傳內汪大紳評語，直截痛快，實具宗匠手眼。但其中每引程朱為契合，似覺不類。度其意無非欲引理學家究明心宗耳，然理學家既宗程朱，決不信有此事。是汪君援引之意，不能令儒者生信，反令儒者易視禪宗，以為不出程朱心學矣。甚哉！立言之不可不慎也，予願他日重刻此傳，將評語內與儒家牽合者節去，未始非護法之一端也。

大藏總經目錄辨

嘗見行腳禪和，佩帶小摺經目，奉為法寶。閱其名目卷數，與藏內多不相符，欲究其根源而未得也。一日檢西遊記，見有唐僧取經目次，即此摺所由來矣！按西遊記係邱長春借唐僧取經名相，演道家修煉內丹之術。其於經卷數目，不過借以表五千四十八黃道耳！所以任意摭拾，全未考核也。乃後人不察，以此為實，居然鈔出刊行，廣宣流布，雖禪林修士，亦莫辨其真偽，良可浩歎！余既知其源流，遂記之以告夫來者。

一藏數目辨

今時僧俗持誦經咒，動稱一藏。問其數，則云五千四十八也。嘗考歷代藏經目錄，惟開元釋教錄有五千四十八卷之數，餘則增減不等，至今乃有七千二百餘卷矣！世俗執著五千四十八者，乃依西遊記之說耳！夫持誦者，量自心力，如法定數。或以一百為藏，表大乘百法也。或以五百為藏，應五位進修，有五百波羅密也。或以一千為藏，顯百界千如也。或以三千為藏，闡三千性相也。或以五千為藏，以五百波羅密，一一具十也。或以一萬為藏，乃萬德齊彰也。或以八萬四千為藏，轉八萬四千塵勞，成八萬四千法門也。上來廣略多般，行之均合教義，又何必專依丹書黃道之數為定法耶！

評佛祖統紀

宋僧志磐所作佛祖統紀，收入大藏流傳已久。予閱之，覺其尊崇本宗，實有違乎佛祖之本意也。夫瞿曇捨金輪王位而作沙門，是棄世間之榮而就山林之寂也。傳其道者莫不皆然，而志磐立一派以為正宗，作本紀，尊之為帝王，近支謂之旁出，作世家，尊之為諸侯，遠支作列傳，等之於士大夫。佛祖世繫表內之祖，十四祖以下，反同旁出，全是世俗知見。自迦葉受佛囑付而為初祖，歷代傳衣至曹溪而止，此三十三代，皆從靈山會上一時印定，法身大士應運而生，主持正法也。今志磐以慧文大師遙宗龍樹一語，遂將後之十九祖判為旁出。稍知佛法者斷不出此。近聞台家後裔欲續統紀，自四明以下立一正宗，接至近代，以本紀尊之；無知妄作至於如此，尚得謂之如來真子乎？

其貶賢宗，則曰有教無觀；其貶慈恩，則曰立義疏闊。自□□以降，四明以還，其中平平無奇者，亦尊為正統。若不論道德而論世繫，則禹湯之傳而為桀紂，文武之傳而為幽

厲。（謹案，原稿附此數語，似欲增入前文，而屬稿未竟者。今亦照錄於此，以存其真。編者識）

評楞嚴指掌疏

楞嚴經以阿難示墮發起大教，專為正路修行人欲漏未除者作榜樣也。若為邪僻之徒，尋常教誡，不一而足。指掌疏以詐現威儀等語貶斥阿難，大失經意。蓋誤墮之由，非阿難起意貪欲，乃摩登以咒攝入。若非阿難正直，則摩登以色鉤引已足，何待咒攝？阿難內心清淨，未動婬念，但力不自由，難以擺脫耳。

評阿彌陀經衷論

此論宗旨，在閉關念佛，現證三昧也。省一大師所證之定，古人往往有之，不以為奇，修般舟三昧者，更勝於此矣！蓋般舟三昧，以九十日為期，不坐不臥。初入關時，七日之內，必得三昧現前，以後八十餘日，常在三昧中精進行道，所以不疲也。儻七日不得，必不能勉強撐持。所以今時無有能行之者。以省公所證，稱為根本三昧，似覺太高。夫根本三昧，必至初住地位，始能稱之。

又以澍公所證，稱為究竟三昧，則更過矣！澍公以持咒之力得一種通慧，亦精誠所感耳。若云究竟三昧，必至佛地方能稱之，等覺以下所證之法，皆不能稱為究竟。且澍公所證，非淨土法門，若回向淨土，方能往生，若不回向，仍在人天受生。或進或退，未可料也，豈得判為聲聞極果？震旦國中，凡夫而現證四果者，未之前聞也。自西竺來者，除迦葉摩騰外，餘僅三果耳。應化菩薩，往往有之，不在此例。

衷論第三十二頁云：「由色界天以上以次遞上，復有四空天，統為無色界。以並無色身，惟有魂識如鬼神也。」

無色界惟有魂識如鬼神之言，非也！蓋鬼神亦有色身及境界相。彼此互見，非如無色界，但有空定而無身境也。

衷論第三十二頁又云：「六欲天之下，復有地居三天，以次遞上，復有空居一天，空居天以上，即欲界之初天矣！」

空居天以上即欲界之初天，誤矣！按經說，四王天王，是欲界之初天，居須彌山腰；忉利是欲界之二天，居須彌山頂。併以上之空居四天，其為欲界六天。

衷論第三十二頁又云：「惟脩羅王執持世界，力洞無畏，能與梵天及天帝釋四天爭權，惟修天福，不修天慧，其所卜居，鄰於日月。」

修羅不能與梵王爭權，僅能與帝釋四王爭權耳！其所卜居，鄰於日月，四王之境也。

衷論第五十二頁云：「權戒者，惟持具戒，不能進修三福也。實戒者，既持具戒，復進修三福，如觀經所陳也。權定者，惟能終身念佛，未證一心不亂也。實定者，閉關專念，現證一心不亂，內則伏除見思二惑，外則面見阿彌陀佛依正莊嚴，及十方諸佛也。權戒云「惟持具戒，不修三福」，戒有止、作二持，若止而無作，即缺一邊，何得謂之具戒？又以未證一心者名為權定，誤也！豈有散亂心而名定者乎？伏除見、思二惑談何容易，若思惑除盡，即證阿羅漢果，三明六通，具八解脫，六通人所能見；若不具六通而云思惑除盡，即是大妄語，當墮地獄。

袁論第五十三頁云：「心業既在，雖獲往生，終非淨土之究竟。故本經所示，惟得謂之權定也。」

此蓋不深究經文，而以己所證者駕於經文之上，已犯慢經之過。當知經中所言一向專念，即是一心不亂；若非一心不亂之極致，何能得上輩生；上輩生者，見佛之時，即證圓教初住位。又心業猶在一語，亦欠斟酌。心業者，根本業識；從初信漸除，至等覺位方能除盡，而謂證一心不亂者，心業已亡乎？（謹案：原稿未錄袁論本文，但標頁數行數，今為補錄。論文略去行數，其所云第幾頁者仍依原稿，蓋據揚州流通本云。編者識）

評金剛直解講義合參

此本以蓮池解為主；蓮池實無此解，乃淺見之徒作此俗解，假託蓮池之名以誑惑世人耳。至於採錄諸家，大都出於五十三家註，而真正發揮金剛妙義者，此本未嘗採錄，可見纂輯之人祇宗俗解而不知正解。若執此本以求佛法，遠之遠矣！

評方植之向果微言

方君自命通儒，每以堯、舜、孔、孟、周、張、程、朱，並稱為道統之正宗，而以佛學遷就，斷章取義，改變文辭謂與聖學相同，不但不通佛理，抑亦不識儒宗也。

孟子尚不能與孔子並稱，何況宋儒？宋儒性理之學，自成一派，不與孔子一貫之旨相同。所謂窮理者，正是執取計名二相也。推尊孟子，與孔、曾、思同列，取其求放心、善養氣、道性善、稱堯舜，不知孟子我執未破，離孔、顏尚隔兩重關。何以知之？即就萬物皆備於我一章，便可知也。或以此我字是常樂我淨之我，非七識所執之我；再就說大人則藐之一章，便曉然矣！蓋孟子才智過人，又能用功，一旦六識開豁，透第一關，大末那識現前，即是總相主宰，慶快平生，所以有樂莫大焉之語。若在孔子門下，立刻抉破，令其亡我，透第二關，便能虛心用功，再求進步，向八識上破一分無明，根本智現前，則三關齊透，與顏曾諸人並駕齊驅矣！至於周、張、程、朱心學分際，僅在明了意識上用功，初關尚未破，其寂然不動感而遂通之說，皆是靜中景況；若果與佛法無異，早已六通具足，斷不說無輪迴矣！

今方氏將佛家實效盡行抹煞，單取性理之言，與儒家拉雜湊泊，非讚佛也，實毀佛也。若佛法僅與宋儒相等，則過量英豪，誰肯捨身命以求之？故知此書流佈世間，非特無益於佛學，而且有損於佛學，不能令人生難遭之想也。又其中每以儒佛二教皆出於天，忽有以天教壓之者，則無出頭之地矣！

評日本僧一柳讀觀經眼

大著以三鏡喻眼，取譬甚巧，得在是，失亦在是。夫顯微鏡與望遠鏡，蓋因折光反射而成倒影，如昆蟲之頭本向上，而鏡中則向下；新月之缺本向東，而鏡中則向西。且因顯力展大，能見一段，而不見全體，如昆蟲見其尾，則不見其頭；新月見其缺，而不見其邊。有智之士，知其倒影在鏡，而即知物之正形；知其所見少分，而即知月之全體。決不執定倒與少，而闕正與全也。至於青色鏡之喻，其青在鏡，而不在物。以青鏡視物，則物物皆青，而不能得物之正色。須以自己正眼視之，以正智照之，則物之正形全體，本色畢露，而不為鏡所改矣！

然則三鏡皆不可用乎？曰：「非也！是在善用之而已。善用者，鏡為我用，而我不為鏡用。物之微者，以鏡顯而大之；物之遠者，以鏡攝而近之；日光耀目之際，以鏡減而暗之。如是，便無失而有得，則亦庶乎其不差矣」！

觀經末云：「佛告阿難：汝好持是語」，持是語者，即是持無量壽佛名。「好持是語」一句，囑其持上文所說之觀法，即是持無量壽佛名一句，明觀想與持名互攝也。佛恐後人視觀想與持名判然兩途，故作此融攝之語以曉之。善導謂望佛本願，意在專稱佛名，若執此以為定判，則佛所說觀法，翻成賸語。且佛儻專重持名，而告韋提希以觀想之法，是心口相違也，凡夫且不出此，而況於佛乎？至於像觀、真身觀之念佛三昧，即是結束本文之觀法，如必欲判為稱名之念佛，則與上文不貫，譯經者斷無如是之錯謬也。

評日本僧一柳純他力論

純他力教，一家之私言，非佛教之公言也，請以經文證之。大經明三輩，觀經開九品，惟修觀者別為一途。而論觀行之淺深，亦入三輩九品中攝。貴宗概以自力，棄而不取，另立一種往生之法，以駕於三輩九品之上，名曰純他力教，此乃貴宗獨創之教，非通途之教也。蓋佛教所說接引往生，皆是他力之教，而仍不廢自力，廢自力，則有無窮過失，已於真宗教旨內辯之詳矣！夫以自力往生，必至圓初住、別初地而後可。凡夫往生，全仗佛力，而以自力為階降之差，此千古不易之定論也。儻不以為然，則亦各行其是而已。

評真宗教旨

十餘年前，獲「真宗教旨」一卷。悉心研究，覺與經意不合處頗多，遂參註行間，以備芻蕘之採。真心論道，不避忌諱，所謂個中人方談個中事也。近時泰西各國，辦理庶務，日求進益，總不以成法為足。貴宗廣佈佛教，勢將徧於地球，伏願參酌損益，駕近古而上之。故不禪繁言，陽似辯駁，陰實資助，祈大雅鑒之。

極樂淨土，由彌陀願力所成。彌陀既發大願，勤修聖道，方得圓滿。經云：「住空、無相、無願之法，無作無起，觀法如化。」此即聖道之極則也：以聖道修成本願，若云捨聖道，則是違本願矣！因果相違，豈得往生？經云：「深信因果，不謗大乘。」良有以也。

以淨土為入聖道之門。生淨土後，則一切聖道圓修圓證。若在初修時，唱言捨聖道，便是違背淨土宗旨矣！淨土門以三經一論為依，切須體究經論意旨，方名如來真子也。

「真宗教旨」第一號云：「第一祖龍樹菩薩，祖其作『易行品』，而不祖其講佈華嚴、中論。」

存上句，刪下句，可免掃拂聖道之弊。龍樹作「易行品」，祇分難易，不顯立掃。今真宗立淨土而掃聖道，與論意不符。龍樹說難行易行二道是活法，於聖道中開出淨土一門，接引後學，此為同中別也。利根於現生中得念佛三昧，即證入聖道門；鈍根於往生後華開見佛，亦證入聖道門。此為別中同也。闡揚聖教者，須將死法說成活法，不得將活法說成死法。佛教命脈，僅如懸絲，可不懼哉？

又第二號云：「本宗名淨土真宗。據念佛成佛，是真宗之語。以親鸞上人為始祖，大織冠鎌足公之裔，而藤原有範公之男也；夫人玉日氏，攝政關白兼實公之女也。初，源空大師倡淨土宗，海內風靡，門人三百餘，上人實為其上足。關白歸大師為大檀越，一日曰：『大師持戒而念佛，弟子噉肉畜妻而念佛，無乃有勝劣耶？』大師曰：『同一念佛，何差之有？』曰：『弟子有女，屈一上足為婿，以斷天下後世之疑。』大師以上人應，上人辭不可，是為開宗之緣由。」

於佛教門中，專重淨土，於淨土門中，專重他力信心，可謂簡而又簡，捷而又捷矣！此法在家二眾行之相宜。出家五眾自有清規，若一概效之，則住世僧寶斷矣！末法萬年儀表，不可廢也。

又第三號云：「以聖道、淨土二門判一代教，大小半滿權實顯密為聖道門，是係此土入聖之教。『大無量壽經』、『阿彌陀經』是係往生淨土之教。又聖道門中有豎出、豎超，法相、三論為豎出，華、天、密、禪為豎超。淨土門中有橫出、橫超，以諸行往生為橫出，是係自力；以念佛往生為橫超，是係他力」。

聖道為十方剎土解脫之門徑，生西方淨土之人，亦由聖道而證妙果。修諸行者，若不念佛迴向，亦不得往生。

又第四號云：「方今係佛滅度二千八百二十五年，人劣才闇，不能踐聖道而登大果，是所以聖道不振也。以不可行之法，強於不能行之人，迫雞入水，豈理哉？」

道綽逼雞入水之喻，為留形穢土之人而說，非為修聖道者說也。迫雞入水，即遭淹沒，未聞修聖道而墮落者。蓋聖道雖難速證，亦作淨土資糧，與彌陀因地同一修途，自然與果位光明相接也。

專修淨土之語可說，不修聖道之語不可說。蓋淨土亦是聖道無量門中之一門；修淨土，即攝一切聖道。入一門所謂他力信心者，廢自顯他也。不許自他相對，即成絕待圓融法門矣！剋實論之，信心者，自心所起也；他力者，自心所見之他力也。除卻現前一念，復何有哉！自他皆是假名，廢假名之自，而立假名之他，妙用無方。以龜毛易兔角，幸勿執為實法也。

又第六號云：「於四十八願中，以第十八願為真實，其所被之機為正定聚，生真實報土。十九、二十為方便。十九之機，回向諸行，止至化土，故為邪定聚。二十之機，或進入第十八，或退墮第十九，故為不定聚。開說第十八為大經，開說第十九為觀經，開說第二十為小經。大經機教俱頓，觀經機教俱漸，小經教頓機漸。」

生淨土者，蓋入正定聚，絕無邪定及不定聚，經有明文，處處可證。若以觀經所攝，判為邪定聚，則是聚九州鐵，鑄成一大錯矣！

觀經被大機最極圓頓，一生可證初住位，與善財龍女齊肩，於觀中蒙佛授記是也，何得判為機教俱漸。

又第七號云：「大經係真實教，無隱顯義；觀經係方便教，故有隱顯。以顯見之，為日想水想之觀；以隱取之，為觀佛本願之觀。一文兩義是為隱顯」。

觀經從第三觀以去，皆是極樂妙境，無一非佛願力所成，不待隱取，方為觀佛本願也。

又第八號云：「方今居大叢林，稱大和尚，外標賢善，內實貪吝，被綢緞，坐氍毹，尊大養望，瞞人自欺，豈稱君子？」

不但此等人非正修行，即終身修苦行，衲衣一食，科頭跣足，晝夜不眠，或處禪堂，或居山洞，自負修行，不肯虛心看經學道，但以除妄念為功，日久功深，一念不起，便謂證道，殊不知恰成就一個無想外道，離佛法懸遠矣！功行淺者，命終之後，隨業輪轉，豈不哀哉？

又第九號云：「信心從他力而發，名他力信心。佛力為他力，明信佛智為信心。祖師曰：歸命之心，非從我生，從佛敕生，故名他力信心。自力之徒，修雜行雜修，他力之徒不修之。自力之信有九品，所生之土亦有九品，經曰胎生；他力之信，一相無別，所生之土，亦一無量光明土，經曰化生。」

經云：「十方眾生至心信樂，欲生我國。」發此三心者，仍係自力也。若云從他力生，他力普徧平等，而眾生有信不信，豈非各由自力而生信乎？倘不仗自力，全仗他力，則十方眾生皆應一時同生西方，目前何有四生六道，流轉受苦耶？能領佛敕者，自心也。故仍從自心生。

所云不修者，如禪宗之無修無證乎？抑如世俗之隨波逐流乎？下文俗諦，非雜行雜修而何？

九品之中，上品上生者，立刻見佛，得忍受記，以下諸品，均無胎生之事。大經所說之胎生，以疑惑無智所感，與上品之超越，中品之純篤，大相懸殊矣！

又第十號云：「真俗之名，有重重之義。本宗假以安心門為真諦，以倫常門為俗諦。本宗既開許畜妻，不能無五倫。既有五倫，不能不履其道，是為俗諦。凡夫之罪雖大，較諸願力，不啻滄海一粟，所以不問噉肉畜妻也。眾生之善為有漏，彌陀之報土為無漏，有漏之善，不可以生於無漏土。」

第十號所說，盡是雜行雜修，何以前文力掃諸行，豈所掃者是出世行，而不掃者是世間行乎？夫世間行長生死業，而出世行逆生死流。孰正孰反，必有能辨之者。

倫常門是世善，世善尚不廢，何為偏廢出世善耶？一切世善，均在菩薩萬行中攝，但能回向淨土，則成往生業，否則人天果報而已。發菩提心者，一切世善皆成無漏；不發菩提心，雖修五度，總屬有漏。又第十一號云：「諸式入社之後，口授面稟。」

華地時有外道邪宗，秘密傳授，不令他人得知。貴宗卷尾有口授面稟之語，令人見而生疑。似宜編輯成書，入社之人各領一冊，以便遵行。

貴宗所奉者大經第十八願，今先錄願文，隨後解釋。經云：「設我得佛，十方眾生至心信樂，欲生我國。乃至十念，若不生者，不取正覺。唯除五逆誹謗正法。」此中有乃至二字，可見七日持名，減至一日，又從一日減至十念，是最少最促之行也。向下更無可減矣！大經下輩生者，正是此機；其上輩者，是十九願所被之機。

今云十八願為正定聚，十九願為邪定聚，此即大違經意。十八願末言五逆謗法不得往生；凡與經意相違者，均是謗法。觀經下品下生，十惡五逆回心即生，未收謗法。蓋謗法者，與彌陀願光相背也。今判十八願所被之機，生真實報土，十九之機，止至化土，此等抑揚，未知何所依據，請將經文確證，一一指出，以釋群疑。

評選擇本願念佛集

貴宗道友惠贈「七祖聖教」，已將「往生論注」、「安樂集」、「觀經疏」，刊板流行。頃承心泉大師囑刊全書，因逐一檢閱，見得此集與經意不合處頗多，略加評語，就正高明。倘不以為然，請逐款駁詰可也。

本集第一云：「道綽禪師立聖道、淨土二門，而捨聖道正歸淨土。」此一捨字，龍樹、道綽皆不說，說之則有病。蓋聖道與淨土，一而二，二而一者也。

本集第一又引道綽「安樂集」上云：「當今末法，現是五濁惡世，唯有淨土一門，可通入路。故大經云：若有眾生，縱令一生造惡，臨命終時，十念相續，稱我名字，若不生者，不取正覺。」

「縱令一生造惡」，經文中無此六字。

本集第二引「善導疏」云：「眾生起行，口常稱佛，佛即聞之；身常禮敬佛，佛即見之；心常念佛，佛即知之；眾生憶念佛者，佛亦憶念眾生。彼此三業不相捨離，故名親緣也。」

此說是比量，屬依他性。

本集第二又云：「眾生口不稱佛，佛即不聞之；身不禮佛，佛即不見之；心不念佛，佛即不知之；眾生不憶念佛者，佛不憶念眾生。彼此三業常相捨離，故名疏行也。」

如是翻對，是世俗見，即是非量，屬徧計性。以彼此之界，揣度如來，十萬億佛土，如何得去？

佛以無緣大慈攝化眾生，平等普徧，無親疏之別。而言親疏者，屬眾生邊事。若佛因眾生而有親疏，則亦眾生而已矣！烏得稱為佛耶？

本集第三云：「『無量壽經』上云：『設我得佛，十方眾生，至心信樂，欲生我國，乃至十念，若不生者，不取正覺。』」

觀念法門引上文云：「若我成佛，十方眾生，願生我國，稱我名字，下至十聲，乘我願力，若不生者，不取正覺。」往生禮讚同引上文云：「若我成佛，十方眾生，稱我名號，下至十聲，若不生者，不取正覺。」兩段引文，皆作下至十聲，可見十念是至淺之行。而真宗教旨，反以此行駕九品之上，何也？

本集第三又云：「壽經云：『……（中略）於是世自在王佛即為廣說二百一十億諸佛剎土天人之善惡，國土之麤妙，應其心願，悉現與之。時彼比丘，聞佛所說嚴淨國土，皆悉覩見，超發無上殊勝之願。其心寂靜，志無所著，一切世間無能及者，具足五劫，思惟攝取莊嚴佛國清淨之行。阿難白佛：彼佛國土壽量幾何？佛言：其佛壽命四十二劫。時法藏比丘，攝取二百一十億諸佛妙土清淨之行……』（中略）經意亦有選擇義，謂云攝取二百一十億諸佛妙土清淨之行是也。選擇與攝取，其言雖異，其意是同。」

攝取專屬取而不言捨，選擇則有取有捨，語意不同。攝取二百一十億諸佛妙土清淨之行，從上文思惟攝取莊嚴佛國清淨之行語來。法藏比丘當時聞說二百一十億諸佛剎土，一時融入心境，迨永劫修行之後，一時發現非如世俗造作，須選精美者作模樣，方能成就也。譬如春蠶食葉，大小老嫩一概食盡，及其吐絲，變為一色，非復桑葉形樣矣。

本集第三又云：「夫約四十八願一往各論選擇攝取之義者……（中略）乃至第十八念佛往生願者，於彼諸佛土中，或有以布施為往生行之土，或有以持戒為往生行之土……（中略）或有以般若為往生行之土，或有以菩提心為往生行之土……（中略）及以孝養父母奉事師長等種種之行，各為往生行之國土等……或有專稱其國佛名為往生行之土……（中略）如是往生之行，種種不同，不可具述也。即今選捨前布施持戒乃至孝養父母等諸行，而選取專稱佛號，故云選擇也。」

以選擇取捨之心，測度彌陀因地。彌陀因地，果如是乎？

般若為諸佛母，般若現時，命根意根俱不相應，即證無生忍，不但不起淨穢二見，即佛見法見，亦不起也。

菩提心為因果交徹之心，諸佛極果，名阿耨多羅三藐三菩提。此集並菩提心而捨之，不知以何為佛也。

本集第三又云：「念聲是一，何以得知？觀經下品下生云：令聲不絕，具足十念，稱南無阿彌陀佛。稱佛名故，於念念中，除八十億劫生死之罪。今依此文，聲即是念，念即是聲，其意明矣！」

念者，心念也。稱者，口稱也。今云聲即是念，念即是聲，誤矣！觀經之文，明明可考。經曰：「此人苦逼，不遑念佛，善友告言，汝若不能念彼佛者，應稱無量壽佛。」可見念與稱有別也。下文具足十念之念字，是稱名之時，一心專精，無他念間雜，惟有稱名之念，十念相續，即得往生。此人苦極心猛，命根斷時，前後不接，金蓮明耀，忽然在前，心力佛力，皆不思議也。

本集第四云：「上輩之中，雖說菩提心等餘行，望上本願，意唯在眾生專稱彌陀名。

而本願中更無餘行，三輩俱依上本願，故云一向專念無量壽佛也。一向者，對二向三向等之言也。……（中略）雖先說餘行，後云一向專念，明知廢諸行唯用念佛，故云一向。」

此段所論一向之言，甚違經意。經中所說菩提心及諸功德，皆是念佛行門。良以一切法入一法，一法攝一切法，方見純雜無礙妙用，即得名為一向專念也。若如此中所說，為廢諸行歸於念佛而說者，則經中有自語相違之過。何以故？經文明明一聯說下，絕無廢歸之意也。且著衣喫飯，亦是雜行，便利睡眠，亦是雜行，必須不食不眠，一口氣念到死，方合此集引證一向之言也。佛經何等深妙，而以淺見測之，豈不貽誤後人哉？

本集第十一云：「凡九品配當，是一往義。五逆迴心，通於上上；讀誦妙行，亦通下下。十惡輕罪，破戒次罪，各通上下。解第一義，發菩提心，亦通上下。一法各有九品，若約品即九九八十一品也。」

五逆以下三行解說，若約懺罪猛鈍，修證淺深，則可以九品互通。此中說解第一義，發菩提心，亦通上下者，除非中途退墮，作諸惡業，臨終回心，如經文下品中說。如此三行，未免令初心人無所適從，所謂矯亂論議也。

本集第十三引「善導頌」云：「極樂無為涅槃界，隨緣雜善恐難生，故使如來選要法，教念彌陀專復專。七日七夜心無間，長時起行倍皆然。臨終聖眾持華現，身心踊躍坐金蓮。坐時即得無生忍，一念迎將至佛前。法侶將衣競來著，證得不退入三賢」。

善導此頌，重日夜精持，一心無間。下文得無生忍、入三賢位，皆是證聖道也。

本集第十四云：「何故六方諸佛證誠，唯局念佛一行乎？」

局字大錯。蓋佛法雖無量門，而修習者必從一門深入，方得徧通一切佛法。譬如一室四面開門，欲入室者，必從一門。若擬從東入，又欲從西，或兼南北，則終無入室之時矣！

本集第十六云：「選擇讚歎者，上三輩中，雖舉菩提心等餘行，釋迦即不讚歎餘行。唯於念佛而讚歎云：『當知一念無上功德』，故云選擇讚歎也。」

菩提心即正覺心也，成正覺方名佛。今重念佛而輕菩提心，大違教義。念佛有多門：念佛名號、念佛相好、念佛光明、念佛本願、念佛神力、念佛功德、念佛智慧、念佛實相，隨念一門，即攝一切門，方入十玄法界。若存取捨之見，則全是凡夫意想，與佛界懸遠矣！

本集第十六又云：「『善導觀經疏』者，是西方指南，行者目足也。」

觀經所說十六法門，無一不是念佛。此文所判，似專局乎持名也。

此集專以持名為念佛，而觀想等法，均判在念佛之外，非經意也。

評小粟栖陽駁陰資辯

佛說接引往生，皆是顯他力之教。三輩九品，皆仗佛力而得往生。若全仗自力，必至圓初住、別初地，始能十方世界，隨意往生。故知淨土三經，勸進往生，全仗他力，而仍以自力為階降之差。我佛慈悲，所以誨人者至為圓妙。若以三輩九品為自力往生，則失經意矣！

辯云：「聞貴國黃衣派挾天威而恣尊大，毫無學問之志。其青衣各派乃甘卑屈，而視國家之興敗如秦人於越人肥瘠，故政府亦處之度外，棄而不顧也。」

僧俗二眾，佛有遺規。僧則守出家律儀，不干世務；俗則依在家道理，致君澤民，二者不相濫也。

辯云：「龍樹之開難易二道，非難中開易也，非聖道中開淨土也。聖淨二門，井井區別矣！天親之『淨土論』，正明淨土；而龍樹之『易行品』，傍明淨土耳！」

不識佛法開合之妙，見聖道淨土，判然兩途，不得不改變經意以合於自宗也。天親「往生論」，於依正莊嚴後，攝入一法句，明淨土不外乎聖道也。曇鸞釋之甚詳。

辯云：「同中別者，佛教中見二門也；別中同者，二門雖異，其所證之真如一也。」真如即是聖道，既知同證真如，奈何唱言捨聖道耶？

辯云：「方今聖道之一門，不合時機。獨我真宗，何肉周妻，為國家奔走，不啻說出離之法，併亦說忠君愛國之事，毫不贊坐深山」。悉達太子捨金輪王位，入山修道，為後人榜樣。我輩雖不能學，心常羨之。今知貴宗如是存心，所謂道不同不相為謀也。

辯云：「彌陀本願不取諸行，獨取念佛。」四十八願普攝諸行，何云不取耶？念佛即是諸行中之一行。專修念佛，所謂一門深入也，而以世俗事務夾雜其間，欲得往生，不亦難乎？

辯云：「本宗有二門：一學門、二行門。約學門則一切經可學也。不學一切經，則不可解淨土之法門也。若約行門，則單據念佛之一行，豈攘排一代佛教乎？」

學與行兩不相干，則學成無用之學。

閱教典須一一銷歸自性，方為有益。栖君之言，以閱經為所學而非所行，則學與行兩不相涉，所學即屬無益。（謹按：此條評本未錄，茲依手稿增入。編者識。）

不學下三十五字，恰合我意。

辯云：「此土入聖為聖道門，他土得生為淨土門，歷歷區別矣！不可一混也。聖道即淨土，何用往生十萬億之西哉」？

栖君非但不知聖道，亦復不知淨土。大凡闡揚淨土者，須知淨土因何而成。既以大經為真實，豈不見法藏比丘白佛言：「我發無上正覺之心」，非菩提心而何？發大願後修行文中，自行六波羅蜜，教人令行。經文彰彰可考，證知彌陀報土，皆因修行聖道而得成就，奈何定要捨聖道，判修行者為邪定聚，生於化土；不修行者為正定聚，生於報土？顛倒謬亂，莫此為甚。豈日日持誦經文，循行數墨，全不解義耶！

辯云：「本宗以二門之判，判一代教，曰聖道門、曰淨土門。於淨土門有二門：曰正明淨土教、曰傍明淨土教。於正明淨土教有二門：曰真實教、曰方便教。真實教者，『大無量壽經』是也；方便教者，『觀無量壽經』、『阿彌陀經』是也」。

從上諸師開宗判教，必將所依之經，全體透徹，方能破立自由，縱橫無礙。未有將本宗之經任意掩抑，令前後文意不相聯屬者。如貴宗以「無量壽經」為主，而此經中三輩往生之相，則判為自力，棄而不取，以致全經血脈不能貫通矣！

辯云：「本宗之釋三聚，以順本願者為正，以不順本願者為邪。第十八不以諸行為往生之因，單以念佛為往生之因。善導曰：『一心專念彌陀名號』，是名正定之業，順彼佛願故。順彼佛願必得往生，是為正定聚。觀經定散諸行，不順佛願，是為邪，以邪而願生，故為邪定聚也」。

觀經是佛說，何云不順佛願？遵善導而慢釋迦，是何居心？

辯云：「此邪之言，顯非本願之行。如天台之以小乘為邪見，小乘佛教豈邪乎？望之圓教，得邪名耳」。

以小乘為邪見，「方等經」中破小顯大之語，非天台臆說也，若經中無此語，天台斷不敢杜撰。

辯云：「作九鐵鑄錯之大惡口，何不反省之甚」。

若照此本判斷，僅云大錯，猶不足以盡之。

辯云：「淨土無九品為真實報土，有九品為方便化土也。定散諸行，非本願之行，以非本願之行。願生淨土必得九品之化生也。從此化土一轉，往生真土，故判觀經往生為機教俱漸也。淨土蒿目仔細玩索，必覺妙味津津無盡焉」！

不顧佛經之本意，強作一解以合於自宗，苦心思索而得之，此所以津津有味也。非但釋迦教中無此道理，即十方三世一切諸佛教中，亦無此道理。用凡夫意想，捏造一法，以駕於佛經之上，罪過彌天。

辯云：「報土也者，一種真妙而無九品之差別，往生即成佛，無一轉入報之迂迴也」。

判他力信心者，駕於九品之上。往生即成佛大經內無此義，猶如空拳誑小兒也。

辯云：「依觀經三昧，見淨土依正，其所見之土，非報土，是化土也。此化土亦願力所成懈慢界」。

釋迦佛何故說此懈慢界？教人往生，此真可謂謗佛謗法矣！

辯云：「以第十八願為弘願，以定散為要門，善導之釋，皎如日星。定散非本願，單念佛為弘願。善導流通，照人顏色」。

善導落筆時，不料後人有此等執見也。

善導施之是藥，後人執之成病。

辯云：「支那僧大抵不學佛書，多見坐禪或頭陀者，一念不生，誠為佛果。然至此一念不生之域，難矣！若誠至此域者，非是無想外道」。

判誠至一念不生者，非是無想外道，何其見之淺也？且不知無想定與滅盡定差之毫釐，謬以千里。外道生無想天，自謂證大涅槃，不知報盡決定墮落也。

辯云：「名號之入眾生心中，是為他力信也。得此信者，據宿善焉！宿善者恆值佛也，過去修習念佛也，闕此宿善，則不能得信」。

此言成就我宗。宿善是自力所作，尊意只許前生之自力，不許此生之自力，誠不解其何義也。

辯云：「觀經之九品，係淨土之化土。彌陀以方便之願，成此九品之化土，以應九品自力之機。此機往生此化土，而後一轉入一種真妙之報土也」。

經中實無此語。或貴國所傳之本，與支那現行本不同歟？

辯云：「本宗釋三輩菩提心有二門：一者以為聖道自力之菩提心，是可廢也；第十八不許自力菩提心故也。二者以為他力之菩提心，第十八之三心是也；三輩之菩提心，即至心信樂所生也。」

四弘誓如錠子金，三心如葉子金，乃諄諄誨人曰：錠子金不可用，必須用葉子金。豈知錠子金與葉子金，體本無二，用亦無二也。

辯云：「本宗以第十八願為真實願，以十九願為方便願。十八願不許諸行，是為真實。十九願許諸行，是為方便。」

第十八願既為真實，佛又何故要說第十九願之方便，令人捨易而行難？既往生而更須轉進，方入十八之真實也。若方便易而真實難，佛則令人從易進難。豈有從難進易以為方便乎？總之，以立異為高，不立異不足以動人也。

辯云：「觀經序正，開十九願也，至流通而廢諸行，單屬念佛，始與第十八同其歸也。貴君之眼，未能徹其紙背，一片之婆心，促君反省。」

尊目力透紙背，所以能作反語。拙目不徹紙背，故祇作正語。古人云：「依文解義，三世佛冤，離經一字，即同魔說。」彼此各坐一邊病，若二邊不著，則無病。

辯云：「十九願許諸行，非彌陀本意也。」

既非本意，何得發此一願，豈非違心之願乎？此等判斷，實屬膽大，有識者決不敢出此語也。（謹按：此條評本未錄，茲依手稿補入。編者識。）

辯云：見真大師之開淨土真宗，以法然上人為師，法然依善導立一宗。善導五部九卷並明觀佛念佛，使初心不知其所歸。法然探知其意之所在，筆之於文章，使天下萬世知唯念佛之可依焉！」

此是不滿善導之處，證知法然並非全宗善導，乃取善導之片言而文飾之耳。

辯云：「第十八願之十念，諸師誤為觀念意念，善導楷定之為口稱，法然依之，見真依之。」

「小彌陀經」專主持名，豈至二千年後，法然始指出哉？

辯云：「善導散善義，以別解別行，喻之群賊，據其以諸行障往生之行也。」

經中以諸行資助往生，斷無障往生之理。善導所說別解別行，退失往生之業者，喻之群賊。若以菩提心及諸功德，喻之群賊，則本疏中自語相違矣！

嘗憶十年前上海傳教西人，引我至講堂。有本國演教者大聲宣言曰：「基督教如杲日之光，儒釋道等教，或如星月之光、或如流螢之光。杲日一出，諸光皆隱，君何不捨佛教而歸我基督教乎？」予笑而不答，知其不可與言也。孔子云：「可與言而不與之言，失人，不可與言而與之言，失言。」嘗見貴宗諸君子藹然可親，謂其可與言也。今閱辯答之辭，祇樹自宗之門庭，不顧佛經之意旨。前此一番狼藉，豈非墮失言之過乎？

評小粟栖念佛圓通

原書云：「源空上人，世以為大勢至菩薩化身，故名此解以念佛圓通」。

勢至自云我無選擇；源空專主選擇。勢至念佛，都攝六根；源空專主口念，意根且不攝，遑及眼耳鼻身乎？以圓通目之，恐不稱也。

原書云：「本宗以念佛為大乘無上之法，勢不可降喬入幽也。源空上人去天台入弘願，是不守成法而能變者。」

閱至此處乃恍然曰：「我過矣！我過矣！」彼直欲駕佛經而上之，立義在三藏教典以外，而我方以遵崇佛語相期，豈不令人嗤笑哉？

原書云：「源空上人母秦氏夢吞剃刀而有孕。」

夢吞剃刀，即是割斷聖道之兆也。

原書云：「上人從黑谷移吉水，日稱名六萬徧。」

猛利念佛，亦恐涉於自力。

原書云：「攝政關白大政大臣兼實，乞上人作選擇集，上人說法於月輪殿。其歸，兼實拜之地。上人頭現圓光，中有寶瓶，兼實驚喜，以知其勢至之化。」

今而後方知釋迦教外，別有勢至之教流傳人間，深自愧其見聞之不廣也。

原書云：「建久九年正月二日，水想觀成矣！七日，瑠璃地現。二月，水想、地想、寶樹寶池、宮殿皆現。元久三年正月四日，彌陀、觀音、勢至現。」

余按非是入定而得之，稱名念佛之力，自然感此好相也。

余按下二十餘字，恐其涉於雜修雜行，所以作此出脫之語。而稱名念佛，仍不免自力也。

原書云：「建曆二年正月，在大谷得疾，見佛菩薩化身。二十五日寂，紫雲降焉。」

假如有佛現於空中，放光說法，倘不與脩多羅合，亦不足信也。

原書云：「上人之閱一代時教，在以其所得之要路，而自利利他耳。曰：『真言止觀三論法相之教，道幽理邃，利智聰明之者，可以行焉！』方今暗於三密，而登偏照之位；乏於戒律，而居持律之職，是謂虛假。虛假非可以出離也。」

將來親見勢至，當問此事。若真勢至化身，仍須切實辯論，過於此番之言百千萬倍，請彌陀、釋迦并十方諸佛證明。

原書引「善導法事讚上」云：「弘事多門四十八，偏標念佛最為親，人能念佛佛還念，專念想佛佛知人。」

佛還念及專念想佛等語，可見善導以念字通於心口，貴宗判定屬口稱，亦不合善導意也。

原書云：「問『單曰十念，何以知其為口稱哉？』答：『據善導觀念法門，以十聲稱名，釋乃至十念。往生禮讚，亦以十聲稱名，釋乃至十念。十念之非心念意念者，皎如白日』。」

稱名本在念佛之內，若執定念佛必局於稱名，則於經意不貫。

此段願文，須查考梵本，若原文仍屬意業，即不得從善導改作口業。譯師最為慎重，不許任意竄改也。

若口稱與心意無涉，則口稱佛名，心念五欲，心口兩歧，尚得入彌陀願海乎？偏邪之見，至於此極，何足與辯？

原書云：「本宗以第十九願為方便，以其取菩提心等行也。此十九之成就為三輩，三輩皆舉菩提心。十九之菩提心自力，則三輩之菩提心亦自力也。開十九為觀經，以十九為方便，則觀經亦方便也。三輩九品，開合之異，三輩菩提心自力，則九品菩提心亦自力也。散善有二：一者三福，二者九品。此三福九品，亦開合之異。九品菩提心自力，則三福菩提心亦自力也。三福者，世戒行也。行福中有發菩提心，上下品有發無上道心。十九、三輩、三福、九品，一切屬散善之行，非本願之行。」又云：「自力菩提心有多種，末代凡夫豈得發此菩提心哉？彌陀因位捨之，據其難行也。」

謂觀經之定散，大經之三輩，不順佛願，是謗釋迦。謂彌陀因位捨菩提心，是謗彌陀。吾不知栖君是何等人也？

彌陀因位捨之一語，不怕拔舌泥犂，何敢出此語？

釋迦教中實無此語。勢至教中有之乎？吾不得而知也！

彌陀因位捨之一語，不知栖君出於何心？鄙人返己自忖，假令刀鋸在前，斧鉞在後，以威力逼之，我亦情願粉骨碎身，決不忍出此一言也。（謹按：以上兩條評本未錄，茲依手稿補入。編者識。）

原書云：「《選擇集》廢菩提心據善導。善導曰：『上來雖說定散兩門之益，望佛本願，意在眾生一向專稱彌陀佛名。』『選擇集』之廢據此。」

善導實無廢菩提心之語，真宗強指其廢菩提心。借疏末一句用之，費盡無限心力，亦可哀也。

原書引善導「觀經疏序分義」曰：「發菩提心者，此明衆生忻心趣大，不可淺發小因。自非廣發弘心，何能得與菩提相會？唯願我身身同虛空，心齊法界，盡衆生性，我以身業恭敬禮拜，迎送來去，運度令盡。」又「我以口業讚歎說法，皆受我化言下得道者令盡。」又「我以意業入定觀察，分身法界，應身而度，無一不盡。我發此願，運運增長，猶如虛空，無所不徧。行流無盡，徹窮後際，身無疲倦，心無厭足。」又言「菩提者，即是佛果之名。」又言「心者，即衆生能求之心。」故云發菩提心也，此是善導所說，何得判其捨菩提心？

原書云：「如是菩提心，亂想凡夫，豈能發得哉？」

此言闢善導。凡夫定是凡夫，攝歸淨土，如何化導？蓋凡夫之本心，與諸佛無二無別，所以蒙佛接引，即脫輪迴之苦也。

原書云：「十九願自力菩提心，生乎化土，深自悔責，轉入真土，故為橫出。十八之信樂，順次往生，證大涅槃，故為橫超。」

此判大違經意。經文第十八願，普攝群機也。如「法華」之一稱南無佛，皆已成佛道者是也。第十九願，別攝上品機也。今抑十九為化土，揚十八為直證涅槃，一切經內，皆無此義。

原書云：「均是觀經也。天台以之為心觀為宗，實相為體；善導以之為念佛，觀佛為宗，往生淨土為體。本宗依善導，誰以善導為違教乎？」

以疏輔經，不以疏掩經，慎之慎之！

原書云：「此捨一字，所以開淨土宗於聖道各宗之外也。以此一字，使天下萬世知標準之所在也。」

暗藏滅法之機。

原書云：「聖道難行，不可行也，故斷斷乎捨之。」

既不能行，又何必言捨？

原書云：「『安樂集』曰：『聖道一種，今時難證。』乃至『大集月藏經』曰：『我末法時中，億億眾生起行修道，未有一人得者。』」

此等語句，均是活機，策勵後學之言也。

原書云：「欲開一宗風動天下者，必須鮮明其旗幟，而令知其方鍼。」

不顧經意之所在，只圖動人之觀聽。欲出新奇，其途甚多，支那境內，且有數十種而未已也。

原書云：「此土入聖為聖道，他土得證為淨土。」

栖君實未嘗知聖道淨土同別之源，語語以此土入聖為聖道，他土得證為淨土，所知盡於此矣！豈知聖道者，十方三世同行之道，娑婆極樂，均如是修證。佛說淨土門，是防退之法，仗彌陀願力，往生西方，永無退緣，必至成佛也。是以專修淨土，即得圓成聖道門。若唱捨聖道，即是捨淨土。蓋淨土由彌陀修聖道而成也。如來善巧方便，或說自身，或說他身，或示己事，或示他事，而以世俗情見，固執不解，欲入佛界，不亦難哉？

原書云：「居士曰：『縱令一生造惡，經文中無此六字。』解曰：『余以居士為信道綽，今則以道綽為違道，余不知居士之意在何處。』」

道綽於願文內加此六字，開後人放肆之門，不可不辯。豈有刻其書而不檢其過耶？即如南嶽「大乘止觀」引「起信論」之語，添一惡字，蓮池已舉其錯。敝處刻蕅益書甚多，亦時時論其錯處，不能為之迴護也。

原書云：「道綽以觀經下下品釋大經第十八願也。大經十方眾生之言，不知何等眾生，道綽以為下下品之機，是道綽之為天下後世彰彌陀願王之本意也。」

第十八願末，明言唯除五逆、誹謗正法，道綽加六字於願文之中，顯違經意。遵經乎？遵道綽乎？

原書云：「善導曰：『眾生起行，口常稱佛，佛即聞之；身常禮敬佛，佛即見之；心常念佛，佛即知之。」

心常念佛之語，與口常稱佛，一耶？二耶？

原書云：「居士以善導為比量，為依他；以集主為非量，為偏計。居士以唯識視淨土門乎？偏計空，依圓有，居士以集主之言為龜毛兔角乎？」

此中微細分別，心麤氣暴者，何足以知之？

淨土若缺唯識，則彌陀佛法為有欠矣！

集主翻對之語，全是凡夫情謂，妙覺位中，決無此理，非龜毛兔角而何？

原書云：「居士曰：『佛以無緣大慈攝化眾生，平等普偏，無親疏之別。而言親疏者，屬眾生邊事。若佛因眾生而有親疏，則亦眾生而已矣！焉得稱為佛耶？』解曰：『居士單知有平等門，而不知有差別門也。無緣大悲，平等普偏，是為平等門；若以願行來收，非無因緣，以三心十念為往生之因，是為差別門。據此差別門，開淨土之一門。「彌陀偈經」曰：發願踰諸佛。誓二十四章，是彌陀本願之所以超諸佛也。順其本願為親行，不順其本願為疏行也。以水為能感，以月為所感，月豈不照外物哉？然非水則不能感月影也。親疏之行，可以知矣！』」

以三心十念之因為差別門，正屬眾生邊事。下文水月喻恰成就我宗。如因眾生而佛有親疏，則佛應無邊之機，應有無邊親疏之別。有心則不普，無心則不差，請細思之。觀經云：「光明徧照，十方世界，念佛眾生，攝取不捨。」又云：「以無緣慈攝諸眾生」，此兩句須善融會，若執定一邊，則互相違矣！

水清則月明，水濁則月暗，明暗在水而不在月，是以親疏屬眾生邊事。

原書云：「居士以十念為至淺之行，何其破法之甚？」

前引道綽釋十方眾生以為下下之機，則道綽亦破法矣！

原書云：「善導曰：『上來雖說定散兩門之益，望佛本願，意在眾生一向專稱彌陀佛名。』以此觀之，序正之定散，非彌陀本願。流通之持名，是為本願也。」

誠如此言，則善導疏觀經數萬字，大可不必。即佛說三部經法，亦屬虛設。單說第十八願一條足矣！

原書云：「集主以『大阿彌陀經』之選擇，釋大經之攝取。是以異譯釋本經，誰敢非之？」

漢譯吳譯，皆用選擇；魏譯唐譯，皆用攝取。因古之二譯，字句未能妥洽，是以重複譯之，俾成善本。若後譯不能勝於前譯，當時亦毋庸費此筆舌矣！細味攝取二字，義理深長，請以梵文證之。

原書云：「居士之所嫌，唯在選擇二字。集主之開一宗，惟在取選擇二字。取者與嫌者相反，不必望居士之隨我也。唯祈居士捨彌陀所捨之行，取彌陀所取之行，而往生真實報土。」

彌陀所捨者，無明煩惱也，我亦捨之；彌陀所取者，菩提涅槃也，我亦取之；彌陀以三輩九品攝受眾生，我亦願往生焉！

原書云：「大經曰：『二百一十億諸佛剎土天人之善惡，國土之麤妙』，既有善惡，須捨惡取其善；既有麤妙，須捨麤取其妙。五劫思惟，在捨其麤惡，而取其善妙。永劫修行之後，其精妙之物，集而成彌陀淨土，是彌陀淨土之所以超出諸佛淨土也。」

法藏比丘見果知因，思惟修行，因圓果滿，自然顯現淨妙國土。豈以精妙之物集而成土，如世俗造作之相耶？

原書云：「春蠶吐絲之譬，亦不外於風流人之假想也。八功德水，七寶樹林，豈一色蠶絲之可擬者耶？」

春蠶喻以為不確，復以作文喻之。譬如聰慧之士，讀盡古今書籍，欲作一篇大文章，必由自己胸中流出，絕不蹈襲陳言，方成妙文。若一一採自他書，縱將一切佳句採盡，祇成一片碎錦，豈得稱為妙文？彌陀淨土，亦復如是！

原書云：「集主之言般若者，信第一義也，是因行而非般若現時也；六度中般若波羅蜜是也。」

不現何得名般若？（謹按：此句評本未錄，茲依手稿補入。編者識。）以六度中般若波羅蜜為淺，是全不知般若，亦并不知波羅蜜。非般若現前，不名六度，以其不到彼岸也。支那禪宗，專學般若，其造詣之深，豈門外漢所能知耶？

原書云：「此集菩提心者，因行也，非佛果也。」

無因如何得果？以菩提心之正因，方能契無上妙果。句義且不能通，何能論佛法？

原書云：「下下品不能念彼佛者之念，心念也。應稱無量壽佛，口稱也。具足十念之念，亦口稱也。」

何不曰具足十稱，而曰十念耶？蓋猛利稱名之時，心亦隨之，以口攝心也。必欲掃除心念，是障往生之路矣！

原書云：「居士以著衣喫飯便利睡眠為雜行，佛者之口氣，須禁此不祥語矣！」

宗門參禪者，每云除喫飯便利是雜用心，律中在著衣喫飯睡眠上。制戒數十條，何謂佛者不應說？豈不聞麤言及細語，皆歸第一義乎？不祥之語，莫大於違經意。

原書云：「居士曰：『五逆以下三行解說，若約懺罪猛鈍，修證淺深，可以九品互通。此中說解第一義。發菩提心，通上下者，除非中途退墮，作諸惡逆，臨終回心，如經文下品中說』。解曰：『居士已許修證淺深矣！解第一義，發菩提心，豈無淺深差別乎？』」

發菩提心，解第一義，亦通上下之語，拙評已說明。除非中途退墮，方落下下，以其退菩提心，失第一義故也。十惡五逆亦通上上者，除非作實相懺，徹證罪性本空，方能超昇上上也。故此互通之義，皆須轉機。轉則失上而趣下，失下而趣上，若不失仍不互，當以經文為正也。台教後人說橫說豎，說逆說順，祇逞鋪排之富麗，往往語中有病而不自知耳。

敘跋

彙刻古逸淨土十書緣起

淨土家言流傳於世者，以「天台觀經疏」及「十疑論」為最古。嗣後作者寥寥，咸謂學道之士，群趨於禪，而淨業中衰。斯言也，余未之信。頃年四海交通，遂得遨遊泰西。遇日本南條上人於英倫。上人名文雄，淨土宗傑士也。既各歸國，適內戚蘇君少坡隨使節赴日本，屬就南條物色釋典，凡中華古德逸書輒購之，計三百餘種。其中專談淨土之書，自元魏以迄南宋，擇其尤雅者得十種。彙而刊之，庶幾後之學者，一展卷間，得與如是諸上善人俱會一處也。

「無量壽經義疏」　隋沙門慧遠撰。

「觀無量壽佛經疏」　唐沙門善導撰。

「阿彌陀經義疏」　宋沙門元照撰。

「稱讚淨土佛攝受經疏」　唐沙門靖邁撰。
「往生論註」　元魏沙門曇鸞撰。
「安樂集」　唐沙門道綽撰。
「西方要訣」　唐沙門窺基撰。
「遊心安樂道」　唐新羅沙門元曉撰。
「淨土論」　唐沙門迦才撰。
「釋淨土群疑論」　唐沙門懷感撰。

會刊古本起信論義記緣起

大藏教典，卷帙浩繁，求其簡要精深者，莫如「起信論」。而解釋此論者，自隋、唐以來，無慮數十家，雖各有所長，然比之賢首，則瞠乎其後矣。藏內賢首「疏」五卷，人皆病其割裂太碎，語意不貫，蓋圭峰科會之本也。蓮池重加修輯，刻於雲棲；憨山治為「疏略」，刻於徑山。文義雖覺稍聯，總不能如原作之一氣呵成也。近年求得古逸內典於日本，自六朝以迄元、明，凡數百種。內有「起信論義記」，以十門開釋，始知圭峰刪削頗多，致失原本規模，然經日本僧徒和會，仍不免割裂之病。求之數年，復獲別行古本，真藏公原文也。讎校再三，重加排定，務使論文、記文自成段落，庶幾作者義味，溢於行間，後之覽者，恍如親承指教也。另有別記一卷，似作於義記之先。蓋別記所詳者，義記則略之，遂併刊以成完璧云。日本南條文雄與余友善，此記賴以得之，其嘉惠後學，豈淺鮮哉！

天竺字母題詞

「華嚴經」云：「十方刹土，有以諸佛音聲為體。」「楞嚴經」云：「此方真教體，清淨在音聞。」天竺字母，音聲之本也；又經中有三種般若，從文字起觀照，從觀照證實相。天竺字母，文字之源也。音聲文字，既為入道之初門，故以天竺字母刊示同學焉。

梵網經菩薩戒本疏題辭

有學戒人問於予曰：「賢首疏『梵網戒經』，而不疏上卷，何也？」予應之曰：「此非淺見所能知也。不觀夫天台智者大師乎？既證法華三昧，得無礙辯才，於『梵網經』亦不疏上卷。蓋盧舍那佛為諸菩薩說心地法門，非凡位所能測知，其文從四禪天傳來，不類天竺語言。什公譯經時，禁筆受者率意潤文，是以悉仍其舊。不但天台、賢首深知其意，即唐、宋諸師，如勝莊、太賢輩，皆專釋下卷。自明季以來，始有併上卷而釋之者。雖各抒所見以惠初學，而未達古人不疏之意也」。

問曰：「上卷法門，既不能解，然則流傳人間，將何益耶？」予曰：「弘法大士，欲令世人生仰慕心，修行昇進。中下之流，作未來因；利根上智，慧眼開時，不煩解釋，而了如指掌矣。賢首此疏，深達戒經奧旨，學者苟能悉心研究，信受奉行，自然從凡夫地直趣佛果。不遭歧路。豈非破煩惱障之利器，行菩薩道之正軌乎？經中稱為光明金剛寶戒，可知上卷所說四十心地法門，定當以此戒為基也。」學戒人歡喜踊躍曰：「今而後知所從事矣」！

心經淺釋題辭（代梅擷芸作）

或有問於予曰：「往昔疏心經者多矣，今獨作為淺釋，何也？」予應之曰：「心經文約義豐，誦之者眾，皆以古疏難通，無從窺其蘊奧。不有淺釋，初學何由得入？故淺釋者，心經之津梁也。夫心經以二百六十餘言，攝盡六百卷『般若』妙義，果能自淺而深，徹見真空實相，則一大藏教，無不從此流出，所謂般若為諸佛母也。此經以心為名，心也者，十界聖凡所同具也。迷則萬別千差，悟則平等一致，迷悟之機，即在照見五蘊皆空一語耳。五蘊本空，非照之使空，乃照見其本空也。奈何眾生顛倒昏迷，以空為有，沉沒於苦海之中而不自覺！若依經照之，淺者漸脫塵勞，深者頓超彼岸。隨機獲益，豈有定法？」問者唯唯而退，遂記其言於簡首。

歐陽母朱生西行述題詞

憶佛念佛，現前當來，必定見佛，此經語也。無禪有淨土，萬修萬人去，此祖語也。信如此言，則歸心淨土者，何患不得往生乎？嶺南歐陽氏號石芝者，向道之士也。事母極孝，嘗以念佛法門勸進其母。行之七年，正念往生，閱所述八瑞五奇，求諸往生傳中，亦不多見。信乎！石芝孝道精純，有以致之也。推此生度母之心，以至西歸證道之後，度多生父母，亦復如是。極而至於無量劫來六親眷屬不可稱、不可數，莫不如今生度母之誠。方便化導而度脫之，同歸無量壽佛清泰國中，是則石芝從一孝道，證窮法界之大願也夫！

大藏輯要敘例

此書專為初學而輯，分別部類，以便檢閱。凡羽翼經律論者，概從本文為主，亦臣子隨君父之義也。

華嚴部　經分大小二乘，大乘以「華嚴」為首。凡賢宗及各家著述，發明華嚴經義者，概歸此部。

方等部　開小顯大之經，及有註疏者，概歸此部。

淨土部　係由方等分出，另立一部，以逗時機。凡天竺、震旦諸師演暢淨土宗旨者，概歸此部。

法相部　亦從方等分出，以為專門之學。慈恩宗及各家著述，彙入此部。

般若部　經論註疏彙為一部。

法華部　「法華」各種註疏，及開權顯實之經，彙入此部。

涅槃部　扶律談常，自為一部。
＊以上通為菩薩藏。

小乘經　此為聲聞藏，不依說時，列於方等之前者，所以別於大乘也。
＊以上大小二乘統為顯部。

密　部　凡有壇儀之經，及印度、支那諸師撰述，均入此部。
＊顯密二門，圓融具足。一代時教，總括無遺矣。

大乘律　菩薩調伏藏，七眾同遵。併諸家疏釋，擇要彙集。
小乘律　聲聞調伏藏，非受具戒者，不宜檢閱，故所收從略。
大乘論　菩薩對法藏為入大乘之要門。釋經各部，已隨本經。別行之論併諸疏釋輯錄於此。
小乘論　聲聞對法藏卷帙繁多，今略輯數種以見一斑。
西土撰集　論藏所不攝者，別為一類，所謂雜藏也。

禪　宗　教外別傳，不立文字。語錄一興，浩如煙海。今擇其要者，彙為一宗。

天台宗　釋經各部，隨入經藏，餘歸此宗。

傳　記　古聖高賢，流風餘韻，具載此篇。

纂　集　編輯成部者，歸此一類。

弘　護　摧邪顯正，責在僧伽，救弊補偏，功歸檀越，靈山付囑，意在於斯。

旁　通　歸元無二，方便多門，儒道心傳，豈有隔礙耶？

導　俗　真俗二途，霄壤之別，不假方便，心何由發？言淺意深，閱者毋忽！

賢首法集敘

世之學「華嚴」者，莫不以賢首為宗。而賢首之書傳至今日者，僅藏內十餘卷耳。後人閱清涼「大疏」，咸謂青出於藍而青於藍。因欲易賢首宗為清涼宗，蓋未見藏公全書故也。近年四海交通，得與東瀛南條文雄遊，求覓古德逸書數百種。所謂「賢首十疏」者，已得其六。方知清涼「大疏」皆本於「探玄記」也。賢首作「新華嚴疏」，未竟而卒。後二十七年，清涼乃生。及其作「疏」，一宗賢首，豈非乘願再來，闡發大經乎？今將賢首著述，去偽存真，彙而刊之，名曰「賢首法集」。世之學「華嚴」者，其以是為圭臬也可。

晉譯「華嚴經探玄記」百二十卷

至相作「搜玄記」，文義甚略。賢首繼之，作「探玄記」，發揮盡致。海東元曉得之，立命弟子分講遂盛行於新羅。其時唐土重譯「華嚴」既成，學者舍舊從新。賢首因疏新經，未及半部而卒。其徒慧苑足成之，命曰「刊定記」。多逞己意，違背師說；清涼「疏」內辨之綦詳。今以二本對閱，方知清涼作「疏」，全宗此記，鈔錄原文十之五六，其為古德所重如此。而蕅益輒議之曰：「經既未全，疏亦草略，蓋係臆度之辭。」此記宋、元以來無人得見，蕅益何從而見之耶？

東洋刻本，未會經文，單記二十卷，足六十萬言。今以經合於記，釐為百二十卷。另有「華嚴文義綱目」一卷，與此記同處頗多，故不列入。

（謹案「華嚴經探玄記」　先生未及編會，此云以經合於記釐為百二十卷者，蓋其預定卷數也。編者識。）

梵網經菩薩戒本疏（古本六卷，今作十卷）

重戒以十門解釋，輕戒以八門解釋。精深切當，超越古今，學菩薩道者，得此疏而研究之，則亦庶乎其不差矣。

「般若波羅蜜多心經略疏」一卷

此疏與基師「幽贊」一時，而各出手眼，判然不同。宋僧師會「連珠記」以輔翼之。前於此者，有靖邁「疏」。唐人疏心經流傳至今者，惟此三種耳。

「入楞伽心玄義一卷」

考本傳有「楞伽經疏」七卷，求之日本僅得玄義一卷，已可見全經大旨矣。

賢首十疏中，已得者：「華嚴探玄記」、「梵網經疏」、「心經略疏」、「起信義記」、「十二門論宗致義記」、「法界無差別論疏」及此卷。未得者：新華嚴經未完之疏，幸有清涼「疏鈔」補其缺略；「密嚴經疏」得日本殘缺寫本，覈其文義，不類賢首之作；「法華經疏」，無可尋覓，惜哉！

「大乘起信論義記」（古本三卷，今作七卷）「別記」一卷

此論古疏傳至今時者僅見三家：隋之淨影、唐之賢首、海東之元曉。雖各有所長，而以賢首為巨擘。後世作者，何能企及？今於東瀛得賢首原本，會而刊之，實為學摩訶衍之要門也。

「十二門論宗致義記」（古本二卷，今作三卷）

杜順和尚法界觀門，以真空觀居首，為後二觀之基。藏公此記，即以成就空觀也。學者能於此記及「心經略疏」融會貫通，則得速入般若波羅蜜門。

「法界無差別論疏」（古本一卷，今作二卷）

非得此疏，論中深義後人何從而知之？

「華嚴指歸」一卷

內分十門，每門又分為十，以顯十十無盡法門也。學華嚴者，切宜深究。

世人以「華嚴指歸」、「還源觀」、「金師子章」，名為賢首三要，由今觀之，豈止三要？

「妄盡還源觀」一卷

內分六門，一體、二用、三徧、四德、五止、六觀，台家每謂賢宗有教無觀，曷一覽此文乎？

「華嚴三昧章」一卷

新羅崔致遠作「賢首傳」，用「華嚴三昧觀」，直心中十義，配成十科，證知此章即觀文也。東洋刻本，改其名為「發菩提心章」，於表德中，全錄杜順和尚「法界觀」文，近三千言，遂疑此本非賢首作。庚子冬，南條文雄遊高麗，得古寫本，郵寄西來，首題「華嚴三昧章」，讎校盡善，登之梨棗，因來本作章，故仍其舊。尚有「華嚴世界觀」，求而未得也。

「華嚴義海百門」一卷

以一塵暢演法界宗旨，文獻通考作「百門義海」。元、明以來，無人得見。今從日本取來，係由宋本重刻者。末後闕一總結，第八門亦有脫文，是宋時已無完本矣。

「一乘教義分齊章」（一名「華嚴教分記」，古本三卷，今合疏作十卷。）

賢首宗旨備於此章。宋道亭作「義苑疏」，更為詳明。近代杭州僧柏亭，撰「賢首五教儀」，分門別類，備列名相，欲與台家教觀爭衡，而不知其違於古法，嘗試論之：「教義章」內凡提頓教，所引經文，皆無位次；柏亭則概列位次。華嚴四十二位，不列四加；柏亭則概列四加。圓教十住初心，使成正覺，應判分證位；柏亭則判相似位，此其顯然者也。賢首既有此章，學者苟能神而明之，於一乘教義，徹底通達矣。

此章之末，說十玄門，本於至相原書。及作「探玄記」，改易數名，為清涼張本。後人謂清涼「十玄」異於賢首者，蓋未見「探玄記」也。

「華嚴金師子章」一卷

賢首說此章，至一一毛處各有師子，武后遂悟「華嚴」宗旨。宋沙門淨源參酌四家注釋，作雲間類解，盛行於世。

「三寶章」

內分八門，傳稱「三寶別行記」，想即此也。〇明藏以下之六章，合為兩卷，統名「華嚴經明法品」，內立「三寶章」，相沿數百年，無人釐正。學者矗心看過，以流轉等章，與三寶名目義味無涉，遂不措意。今將各章分析刊行，俾後之學者，隨舉一章，皆得探其蘊奧也。

「流轉章」

即生滅顯無生，即流轉顯不動，入道捷徑，無過於此。有志之士，請細玩之。

「法界緣起章」

內有四門，僅了第一門，餘三門缺。

「圓音章」

舉一語業，顯三業之勝，佛果妙用。眾生心地本自有之，但以無明障蔽而不能顯，既讀此章，當知愧憤策勵修行也。

「法身章」

內分四門。

「十世章」

此觀純熟，一切妄執，自然消落，立法之巧妙，迥出常情也。

「玄義章」

內分十門，即「華嚴玄義」也。

「華嚴經傳記」（古本五卷，今作三卷）

一名「華嚴感應傳」，後代屢有改作，漸失原本規模。今得此書，內稱賢首法師處甚多，想係門下士增修之本也。

「賢首國師別傳」一卷

新羅崔致遠作，此本中土，無傳。且撰述在各家之先，故附於法集末卷。

「華嚴策林」一卷

「普賢觀行法門」一卷

「華嚴經問答」二卷

「華嚴遊心法界記」一卷

以上四種均係贋作故不收錄。

日本續藏經敘

三藏教典，結集於印度者，不可知其部帙之數。自流傳震旦，至隋、唐以來，代有增益。由五千以至七千，此其大較也。明紫柏尊者以方冊代梵筴，閱者便之。大藏以外，復有續藏，合之已逾萬卷。以遭兵燹，板已無存者，予與同志欲踵刊之而未成也。近年日本藏經書院以聚珍版刷大藏經，較弘教書院之本，字大而便覽，予已購而藏之。頃復製續藏經，凡印度、支那古德撰述，未入大藏者，悉集而刷之。為部千六百有奇，卷逾八千，仍搜求古遺之本，正未有艾也。予亦為之搜輯，樂觀其成。是輯也，得六朝、唐、宋之遺書，為紫柏所未見，誠世間之奇構，實足補隋、唐所不足也。

大乘中觀釋論敘

經云：「以有空義故，一切法得成。」故三藏教典，以般若居首，蓋真空實相，為諸佛母也。龍樹菩薩造五百偈，發明空義，青目菩薩釋之，姚秦三藏鳩摩羅什譯出，名曰「中論」，凡二十七品。分別明菩薩又釋之，亦二十七品。譯於唐波羅頗密多羅，名曰「般若燈論」。安慧菩薩又釋之，譯於宋惟淨三藏，名曰「大乘中觀釋論」。三部均入大藏，惟宋譯僅十三品，不無遺憾。近時日本新印大藏經，由高麗古本鈔出後分十四品，而成完璧。金陵貫通大師見之歡喜踊躍，集資鋟板，以廣流傳。俾後之學者，三部參觀，豁然證契，頓入如來寶明空海，則六百卷般若妙義，一時現前，豈非法門之快事乎！

中論疏敘

龍樹菩薩傳佛心印，為十四祖。其教人之法，以般若真空為本。嘗作「中論」五百偈，闡揚第一義空。初至東土，傳習之士，首推羅什門下生、肇二公。肇公作論，至今獨存；生公諸論，僅存其名。惜哉！隋、唐間，嘉祥吉藏禪師，專弘此道，作「三論疏」行世。當是時，學天台教者，每以北齊慧文遙宗龍樹，僅取三觀一偈為台教之祖。而禪宗諸師，又以不立文字，棄龍樹妙論於不顧，於是三論一宗，遂成絕學。近代四海交通，嘉祥「三論疏」自扶桑傳來。梅擷雲居士見而愛之，玩味不釋手，遂將論、疏二本纂合鋟板，俾世之學者，由此證入般若波羅密門，則知如來心傳，不即文字，不離文字。與其苦參一句無義味語，謂之教外別傳，何若快讀此論此疏，如清涼水，洗滌塵垢，一旦豁然透脫，即證擇滅無為！較之禪家所證非擇滅無為（出百法明門六種無為之二），豈有二哉？

成唯識論述記敘

性相二宗，有以異乎？無以異也。性宗直下明空，空至極處，真性自顯。相宗先破我法，後彰圓實，以無所得而為究竟。乃知執有執空，互相乖角者，皆門外漢也。唐以前，相宗典籍未被東土。自玄奘法師西遊印度，而後唯識一宗，輝映於震旦矣！有窺基法師者，奘公之高弟也。親承師命，翻譯「成唯識論」，會萃十家而成一部；並以聞於師者，著為「述記」，學相宗者，奉為準繩。迨元季而失傳，五百年來，無人得見，好學之士，每以為憾。近年四海交通，得與日本博士南條上人遊，上人以此書贈予。金陵講經沙門松嚴見而心喜，亟募資鋟板。揚州觀如大師願任其半，未及竣工，而觀、松二公相繼西逝，江表緇素，踵而成之。嗟乎！此書失之如此其久，得之如此其難，而倡刻之人，皆不見其成，以是見唯識一宗，流傳於世，非偶然也。後之覽者，其勿等閒視之。

普賢菩薩圓妙方便總持法門敘

顯宗居士者，故友曹君鏡初之法號也。遺篋中得其所著書若干種，內有「普賢菩薩圓妙方便總持法門」一卷。其子詠香齎以示余，余受而讀之，歎曰：此真所謂拈一莖草作丈六金身者乎！夫牙牌者，戲具之小焉者也！居士即以普賢乘六牙象目之，因而暢演十法界、六波羅密、五時、八教，參互錯綜，貫攝於三十二支之內；頓使支支點點，放光動地，熾然說法，無有間歇，而眾生現前受用，不聞不覩，惟應度者乃能知之。嘗思「華嚴」、「法華」等經，真俗融通，理事無礙。昔李長者以卦象釋義，藏國師以金獅說法。今曹居士以牙牌示象，推而至於一草一木、一棒一喝，莫不皆具法界體用。後之作者，塵說剎說，海墨書而不盡，其以是為嚆矢也夫！

大宗地玄文本論略註自敘

「大宗地玄文本論」建立金剛五位：以眾生無量劫來，業果相續，非三僧祇修證之功，不能盡除，故立無超次第漸轉位；以眾生一念相應，即同諸佛，故立無餘究竟總持位；以眾生心含法界，普融無盡，故立周徧圓滿廣大位；以眾生念念著有，違解脫門，故立一切諸法俱非位；以眾生棄有著空，趣於斷滅，故立一切諸法俱是位。上之五位，為佛法之總綱，攝盡一切破障法門，該括一切稱性法門，纖毫無遺。若明此義，則談宗談教，說有說空，皆不相妨，何有分河飲水，互相是非之弊哉？

奈何千餘年來，無人提倡，遂使無上妙法，秘而不宣，誠不解其何故也！或以論中名義玄微，皆是法身大士行相，非凡位所知，師家艱於應對，故不以此論示人。然一切悉知，必至佛果，等覺以還，隨分演說，不害其德望也。儒門所謂：「知之為知之，不知為不知，是知也。」會竊取此義略加註釋，所未知者，斷不強解，庶幾後學得一隙明。或有利根上智，頓入甚深法界，徹底通達，是所望也。其文義明顯者，亦不詮釋，閱者自能領會耳！

高麗古藏作二十卷，與「起信論序」相符。宋元藏皆未收入，明藏作八卷，復並作四卷，今從之。

此論窮微極妙，專接利根上智，兼為凡小權漸之機，作一乘勝因。伏願見者聞者，熏習成種，久久純熟，心光發宣，即能頓入金剛信位，圓修圓證，五位齊彰，與論主大願，註者誠心，交光相羅，如寶絲網，輾轉開導，無有既極。

釋摩訶衍論集註自敘

翻譯「釋論」，當在譯「大乘起信論」之後，因本論全文與真諦所譯相同也。卷首題：姚秦時譯。誤矣！隋、唐、五代，未見流行，永明禪師作「宗鏡錄」，始引此論。至遼時大顯於世，疏記鈔相繼而出，考「至元法寶勘同錄」，尚有「釋論」十卷，而疏記鈔久佚矣。近時從日本傳來，亟欲刊行，而科文繁多，恐後人疲於心力，轉令本釋二論，不能精究。因摘其要言，註於釋論之內。科文一概刪去，如肇公註「維摩經」之例，另有聖法記數紙，作時最先，亦摘錄之，以成善本。（謹案：先生擬輯是書未遑屬稿，今可見者，僅此敘文。惜哉！編者識。）

佛教初學課本自敘

「釋教三字經」者，明季吹萬老人效世俗訓蒙之書而作也。敏修長老為之註釋，流傳二百餘年矣！頃者，普陀印光法師從而新之，正文改十之三，註釋改十之七；原本編為兩排者，改而為一排。考據精詳，文辭圓潤超勝舊作，而題名之處，不將重訂者，列於其次，可謂坦然忘我者矣！予不揣固陋，率爾改作，與新舊兩本，迥不相同，事略而法備，言簡而義周，人有勸予易其名者，因名之為「佛教初學課本」云。

重刊淨土四經跋

予初聞佛法，惟尚宗乘，見淨土經論，輒不介意。以為著相莊嚴，非了義說。及見雲棲諸書，闡發奧旨，始知淨土一門，普被群機，廣流末法，實為苦海之舟航，入道之階梯也。無如兵燹之餘，僅見小本「彌陀經」，而於大本「無量壽經」及「十六觀經」，迄不可得。適來金陵獲見此本於王君梅叔處。覓之數年者，一旦得之，喜出望外。此本為邵陽魏公默深所輯。魏公經世之學，人所共知，而不知其本源心地，淨業圓成，乃由體以起用也。世緣將盡，心切利人，遂取「無量壽經」參會數譯，刪繁就簡，訂為善本。復以「十六觀經」及「阿彌陀經」、「普賢行願品」，合為一集，名曰「淨土四經」，使世之習淨業者，但受此本，無不具足。

自逆匪竄擾以來，其板想不復存。今者廣募信施，重鋟梨棗，庶幾魏公一片婆心，未學咸受其惠。伏願世間修佛乘者，毋於淨土便生輕慢。須信念佛一門，乃我佛世尊別開方便，普度群生之法。儻不知其義旨深微，但能諦信奉行，自有開悟之期。知其義者，正好一心迴向，萬行圓修，轉五濁為蓮邦，證彌陀於自性，是則予之所厚望焉！

華嚴一乘十玄門跋

華嚴大教，闡揚十玄門者，此為鼻祖。賢首仍之，載於教義章內，大意相同，而文有詳略。及「探玄記」，改易二名，用一華葉演說，為清涼「懸談」張本。後人不知，以為清涼「十玄」與賢首有異者，蓋未見「探玄記」也。今「教義章」與「懸談」並行於世，而復刻此卷，欲令人知其本源耳。

起信論疏法數別錄跋

右依「百法明門論」。唯識一宗，名相繁多，慈氏菩薩所說「瑜伽師地論」，有六百六十法；天親菩薩約之為百法，即此百法明門也。「起信論」雖專詮性宗，然亦兼唯識法相，蓋相非性不融，性非相不顯，故特錄百法於篇末，庶易檢尋焉！

起信論真妄生滅法相圖跋

馬鳴大士撰「起信論」，貫通宗教，為學佛初階，不明斯義，則經中奧窔，無由通達。賢首國師特為造疏，判屬大乘終教，蓋下接小始，上通頓圓也。慈雲灌頂法師總括論義，輯成一圖，真妄諸法，瞭如指掌。長沙曹顯宗居士復加參訂，俾教網脈絡，毫髮無遺，可謂精益求精，簡而又簡矣！爰附刊於論疏之後，以廣流傳焉！

西方極樂世界依正莊嚴圓圖跋

昔善導和尚畫淨土變相三百餘壁，歲遠年湮，不可復覩。近代彭二林居士繪極樂莊嚴手卷，系以詩偈，予曾見之，歎賞不置，然篇幅甚長，未便懸供也。有拙道人者，專修淨業，雅尚蓮宗，見南北叢林所刊極樂圖，未臻精妙，迺考淨土三經，參以造像，量度選擇良工，繪而刊之，時在同治癸酉歲也。五年之間，流佈二千餘幅，板漸銷磨，道人慨然曰：「此圖之出，啟人淨信者多矣！然作者之心，猶有進焉！」於是轉方廣為圓融，現毫端之寶剎。大含細入，隱顯交參，以重重無盡之心，寫無盡重重之境。脫稿成於帀月，開雕竣在期年，一佛當陽，現萬德莊嚴之報相；群生皈命，遵十方交讚之深經。其託質蓮池者，有少有長，順凡情也；剋實而論，六道往生，女轉為男，老變為少，永無衰耗之相。又其中菩薩緣覺聲聞為上首者，略標九品。復有初出花胎，未入聖位者，不妨權現人天相也。他如經行坐禪、誦經聽法，或在地上、或在虛空，有從他方飛身來者、有從空中化身去者，神用無方，略見一斑也。樓閣欄楯，行樹羅網，寶幢旛蓋，水鳥光明，隨方點綴，以表無量經中備言娑婆極樂苦樂之相及兩土修行，難易差別。

彌陀本願有云：「十方眾生，至心信樂，欲生我國，乃至十念，若不生者，不取正覺。」今成佛以來，已十劫矣！此願非虛，切宜諦信。若夫利根之士，高談性理，輕視蓮邦，是皆未達空有圓融之旨，棄大海而認涓滴者也。當知一真法界，迥絕思議。以言其體，則纖塵不立；以言其用，則萬有齊彰。娑婆既唯心所現，極樂豈外乎唯心？是故上品者圓證無生法忍，以其解第一義也；即中下之流，信心堅固，願行純篤，但得往生，徑登不退，無始輪迴，一朝永斷，豈不截然大丈夫哉！

畫者山陰張益，刻者丹徒潘文法也。

西歸直指跋

玉峰周安士先生著述傳於世者，計有四種：一曰「陰隲文廣義」、二曰「萬善先資集」、三曰「欲海回狂」、四曰「西歸直指」，凡有見者，莫不歡喜信受，以故各處刊板，流通最廣。「西歸直指」一書，經吳門江鐵君刪改，非復周氏原制。江君以為綱要一卷，撮舉王龍舒所輯「大彌陀經」及「四十八願」等，今已先將魏譯「無量壽經」，及二林居士所著論，合刻流行，則綱要可以不列。不知周氏此書，全從各家撰集中摘來，若以他本所有者，概不重出，則此書不至刪除淨盡不止也。今於虞山朱君保之處，得勝蓮居士施刻原本。見者慶喜無量，咸謂周君願力所持，特留此本嘉惠後學也。亟授手民，以復舊觀。周君有云：「願將東土三千界，盡種西方九品蓮。」惟冀輾轉流通，以相傳於無窮耳！

書信

送日本得大上人之武林

佛法傳至今時，衰之甚矣！必有人焉以振興之。日本真宗教士航海而來，建別院、開學塾，豈非振興之機乎？但格於門戶，未能融入大同見解，不無差池耳！然既稱釋迦弟子，總期剖破藩籬，上契佛心，躋群生於清泰之域；截生死流登涅槃岸，是則不求同而自同矣！得大上人將赴武林，為題數言以贈其行，上人其勉之哉！

答釋德高質疑十八問

問：誌公、永嘉，皆言：「恰恰用心時，恰恰無心用，無心恰恰用，常用恰恰無」。在吾人空寂之體，以心為用，夫既曰恰恰用心時，何以又曰無心用，則用者寧非心乎？既無心矣，又言恰恰用，夫心既無，又以何者為用哉？既常用矣，又曰恰恰無，則常用者復是何物？似此即用即無，不立心相；即無即用，不是無知；此處不明，而言用心不用心，皆是妄作。但其中關捩子，究何所據而為日用，望詳切指迷，庶明自本心，方可見自本性也。

答：誌公、永嘉，均是法身大士，與凡夫相去天淵。觀永嘉答六祖云：「分別亦非意」。六祖即讚善哉！可見所用之心，不但超過凡夫，亦且超過二乘矣！君以現前明了意識為心，正楞嚴經中所破斥者，無怪乎湊泊不上。當知誌公、永嘉，已轉八識成四智，非特近時淺學宗徒不能領會，即宋元以來名重一時者亦難企及。欲問日用，是罷參以後之事。儻牢關未透，亟須離心意識參，絕凡聖路學，庶本心可明，而本性可見矣！

問：經言真妄同源。忠國師又謂真心妄心，名同體異。究竟真妄之體，是同是異？若言是同，何以有真有妄？若言是異，究於何處異起？況真如性體，乃一真法界，無二無雜。此箇妄心，究從何而生，因何而有，敬求指示端倪，免成鑄錯。

答：真妄二字，皆是假名。因妄言真，妄既非有，真亦不立。若妄有根源，生相可見，則不得謂之妄矣！

問：魏府老洞華嚴云：「佛法在喫飯穿衣處，屙屎放尿處，應事接物處。若生心動念即不是」。「金剛經」又云：「應無所住而生其心」。六祖亦云：「不斷百思想，對境心數起。」夫應事接物等，若不起心動念，何以能到恰好去？魏府言不是，固為珍重向上不動尊，但與金經、六祖有似相違。學者於中如何取則，始得握住定盤鍼，使動靜不至走作，惟望明示指南。

答：三處所說，皆明當體全真之義，以生心動念即乖法體。無住生心者，照體獨立，不涉思惟也。六祖二語，分別亦非意也。魏府言不是，與金剛六祖全不相違。此等語句，須是證到深處，方能親見佛祖機用。

問：根塵相接，能分別，能了明，智與識莫不皆然。當根塵瞥然相值之際，此分別了明者，般若與昭靈混作一起，究竟孰為智？孰為識？若辨析不清，即奴郎錯認。望施鵝王擇乳之能，指抉的當，以為後學明導。

答：根塵相接，能分別明了，智與識大不相同。識則隨物轉，智則能轉物。觀六祖風旛語，便可知矣！般若與業識，從來不相混。眾生迷惑顛倒，隱覆真實，而成妄識。智者徹悟自性，一切施為，無非般若妙用。豈有纖毫業識，與般若作對哉！

問：人死則四大分離，色身變壞，其中並無所謂我者，何以而有中陰之身？此中陰身，是我乎？非我乎？究由何而成耶？且既有中陰身，而法身又何在也？請示事理究竟。

答：現前四大色身，即是法身所變。經曰：「法身流轉五道。」名曰眾生，不待壞時，方知無我；即強盛時，亦無我也。我者，凡夫妄執也。生前既妄執我，死後亦妄執我，猶之生也。若非法身常住不滅，何得有中陰身，又何得有後世耶！

問：生死根本者，業識也。但真如性體，究竟無朕，此箇業識，於何地容受？於何處發生？於何時成就？請抉其根源，俾後學知脫生死窠臼。

答：真如在纏，名為如來藏，不變隨緣，而有無明業識。隨緣不變，雖有無明業識，而體性清淨。經中每稱無始無明，若無明有始，則涅槃有終，與一切經論皆不合。「心經」云：「無無明，亦無無明盡。」乃是般若部中究極之談也。

問：空心靜坐，六祖所訶；默照邪禪，妙喜所斥。然則坐香時，如有心，則帶起亂想，而難得寂靜；若無心，又墮入陰界，為諸祖所訶。必如何作活計始得？請明示機緘。

答：坐禪之法，門徑甚多。有世間禪、有外道禪、有次第禪、有圓頓禪、有祖師禪、有如來禪。若空心靜坐，默照邪禪，皆是外道禪也，離佛法懸遠。僧徒學禪，必揣其根器利鈍，於出世四種禪，隨宜學習；不依古法，能透禪關，無有是處。

問：夫「識心達本」、「明心見性」、「唯心為王」、「即心是佛」、「制心一處」、「聖人求心」，乃佛祖語也，心之所以為貴也。而「心是工伎兒」、「心不是佛」、「損法財，滅功德，莫不由此心意識」、「離心意識參」、「難得無心道人」，亦佛祖語也，又視心為賤矣。是心也，執之，斯結想成色，為幻妄之根；去之，又蠢然不靈，即同於木石。必如何不壞身心相，而得見本來？況不有此心，則見性將從何而見？參悟從何而參？所謂取不得，捨不得，不得之中恁麼得。此宗乘之樞紐，體道之奧竅也。此若分疏不下，終必居於惑地，然則心之所以為心，究係若何？請指示機括，使後學直下分曉，不至有歧途之泣。

答：心有真有妄，楞嚴經二種根本最為分明。即心是佛者，真心也；心不是佛者，妄心也。心意識三者，八識、七識、六識也。離此三識，便見本性，所以謂之無心道人。尊意或執或去之心，皆六七二識，於第八阿賴耶識尚未體會，何論如來藏心？初參時用此妄心，參到無知無識田地，妄心不行，憤起根本無明，驀地掀翻，徹見本源性地。非此妄心所見也；乃大死大活，無纖毫障翳，強名為見也。

問：經云：「若能轉動，即同如來。」祇如三門外石法幢，物也。如何轉法，同於如來，請明示法要。

答：古德云：「轉得山河歸自己，轉得自己歸山河。」又云：「老僧轉得十二時，汝諸人被十二時轉。」又云：「拈一莖草作丈六金身，拈丈六金身作一莖草。」皆轉物之義也。若不明此義，無論門外石幢，即手中柱杖拂子均被他轉矣。又依教義，羅漢得六通時，地、水、火、風、空，皆能轉變自由。菩薩神通過於羅漢，見山河大地皆如幻影，芥納須彌，毛吞巨海，亦尋常事也。

問：唯識家言，阿賴耶識為真妄和合。即今諦思真如性海，無二無雜，寂靜如虛空，堅密勝金剛，於何處容受此妄？且妄乃虛幻之相，於天真佛性又何能和合得入？況和合則真妄角立，第一義中無此二法。若謂不和合，如來有言：「汝一動念，塵勞先起。」每於根塵相接時驗之，當境物倏然值遇，妄即瞥然而興，舊習宛然，如電光石火之捷速，不可窮詰。究竟此妄如何而有？如何而來？如何而發？如何而滅？如何混真如用？如何作生死本？求其根源體性，總屬茫然。設一辨認不真，則起足下足無非錯也。敬求不吝慈悲垂語道破。

答：君言境物值遇時，妄即瞥然而興。豈知不接物時，妄亦未曾息滅，如平水暗流，人不能見。古德大徹之後，求絲毫妄念不可得。所以在婬坊酒肆中游行，人問之則曰：「我自調心，非干汝事。」雖終日應事接物，而不見有動相也。真妄和合之語，依生滅門說也。若依真如門說，妄本非有，真亦假名。眾生則全真成妄，菩薩則了妄全真，如來則即妄即真，非妄非真。君以容受和合為疑，乃是凡情計度，於佛法全無交涉也。

問：身與心是一耶？是二耶？如人身患病，此病到心不到心？如言到，夫心，虛而無相也。四大有形之病，何能害及空寂虛體；若言不到，當痛深癢劇之時，心即為之昏迷顛倒，苦楚欲死，不得謂之無相干涉也。然則心之所以為心，究係如何？身病究竟能否涉入此心而為過患，望決所疑，俾知心要。

答：阿賴耶識變起根身器界，山河大地皆是心變，何況自身？妄心局於身內，真心則非內非外非中間。君所言之心，全是眾生妄心。妄心隨境轉，所以昏迷苦楚，不能自由也。

問：圓覺云：「於諸妄心，亦不除息。」夫真心本無妄也，有妄即染污，實為真源眚翳。若欲起心除息，則一妄未去，二妄又成，不二門中，無如是事；若總不除息，聽其橫流，即日在妄中，而業識茫茫，無本可據，則又非也。吾人所以不能返本還源者，妄累之也。除之既增病，任之又成迷。必如何使心得清淨而無障礙？尚望肩荷大法者，不吝明誨焉。

答：圓覺經有四句，初句居一切時不起妄念，君略初句而拈二句，所以不能通也。若無初句，則下之三句皆不應理。因初句已證，則下之三句，便如六祖所言，不斷百思想等句也。又初句破妄顯真，十住法也；二句了妄即真，十行法也；三句回真入俗，十向法也；四句真俗俱融，十地法也。

問：經云：「真心徧一切處。謂無知無不知也。」如何往昔悟道祖師，居菴內不知菴外事，究竟徧乎不徧乎？望賜以定論。

答：悟道有淺深。淺者初開正見，尚未齊於乾慧，何能知庵外事？須與十信位齊，方能得六根清淨，肉眼觀見大千世界，非近世參禪人所能企及也。

問：古云：「無心是道，於心無事。」又云：「生心即犯戒，動念即破齋。」此際其嚴乎！故歷代祖師，訓學人多以無心無事為行履也。然又丁寧告誡，不可入無事甲，居陰界，在鬼窟裡作活計。畢竟如何無心無事，始不入無事甲，不居陰界鬼窟？望大德抽關啟鑰，示以程途。

答：迷悟有別，迷中無心無事，即入陰界鬼窟。悟後，出息不隨眾緣，入息不落陰界，祇論悟處真偽，不論有事無事也。

問：人於夢中所見人物，紛雜不一，而言論動作，宛然秩然，各各不同，似各有靈知自主之相，究竟與我是一是二？若是一，何以夢中彼人言語動作，與夢中之我，迥不相侔？若是二，則夢中空洞晦昧，只有一獨頭意識自為起滅，別無他物也。是彼我一二，既難以區分；而知覺是非，又雜而不渾，這箇悶葫蘆情形若此，究竟其理若何？請俯賜剖判，以作黑暗夢中明燈之導。

答：醒時夢時所接外境，皆是唯識所變。醒時所見，屬八識相分，報境也；夢時所見，屬六七識妄緣，幻鏡也。既能變自相，又能變他相，變幻極速，或有條理，或無條理，足徵妄想之無主也。孔子答子路曰：「未知生，焉知死？」今亦答之曰：「未知醒，焉知夢？」

問：宗門下有電光石火之機，至捷速親切。歷代祖師傳為家風，皆執之以為當場殺活正令。究之此一機也，於何處驗之？於何處見之？學人如何體會？始得腳根點地，而為超凡入聖張本。古德公案以何者為最親切捷速？請拈示一二則，以直揭綱宗而益後進。

答：凡夫念念生滅，剎那不停。剎那，極促之時也，喻如石火電光。參學人用功得力時，忽然前後際斷，徹見本來面目，即名腳跟點地。爾時緣心不續，便能保任此事；儻斷而復續，仍須切實用功。大慧禪師所謂大悟十八次，小悟無數者，此也。師家勘驗學人，用石火電光之機，使人不及起念，便能知其真偽。稍一涉念，便訶為思而得慮而知，鬼家活計。古德公案本無定法，若以定法與人，醍醐變成毒藥。請閱馬祖接人機緣，便不落近時窠臼矣！

問：識有分別，智亦有分別。前人多以有分別屬識，無分則屬智，是否可為定論。且同一分別，如何是智？如何是識？其分途處合轍處，究以何為界限？以何為著落？更於何地何時，證其體性真假？辨其作用是非？設有毫釐之差，即有千里之謬。具精明眼者，必能決擇的當，使金鍮不相混也。

答：識之分別，凡情計度也；智之分別，性自神解也。根本智無分別，後得智有分別。若未得根本智，則分別全是識，非智也。因其比量與非量相濫，即名似比量，非真比量也。根本智，現量也。有真現量，便有真比量。決不流入非量，此即識智之分齊也。

問：心者，性之用也；知覺者，心之官也。故性體空寂，必藉心之靈知以為作用。所謂須臾不能離者也，乃歷代祖師反貴無心，而又禁其不廢功用，不入斷滅，不同木石，則是無而不無。其密行妙旨究何在也？請示樞要，使參學宗徒，敢於放膽休去歇去也。

答：君之所謂知覺，乃六識緣慮心也，非自性之真知也。真知即是無知，而無不知。達摩答梁武帝云：「不識」，即顯示真現量也。孔子曰：「吾有知乎哉？無知也」，開迹顯本之旨也。到此境界，儒釋同源，諍論都息矣！常用常寂，常寂常用，正當知時，不違無知，非無知之外，別立有知也。

以上數則，皆學人疑處。大善知識如不吝慈悲，逐條剖示，請筆之於紙，附郵寄示。開我迷雲，俾得稍窺法要，不至錯認定盤鍼，則感荷法施，永誌不忘也。

統觀質疑十八條，其弊有二。一者錯認六塵緣影為自心相，以為現前知覺之心，即是教外別傳之心。若果此心即是祖師心印，何待達摩西來始傳二祖？又何待五祖門下七百餘僧眾，獨傳一六祖乎？當知祖師心印，超越常情，非過量英傑，不能領會。近代根器淺薄，動輒以禪宗自命，究其旨趣，茫無所知，何論凡聖情盡，體露真常耶！二者但閱宗門語錄，於經論未曾措心，不分解行，不明淺深，處處扞格，無由通達。欲除前之二弊，須將「大乘起信論」讀誦通利，深究「賢首義記」。起信論者，馬鳴菩薩之所作也。馬鳴為禪宗十二祖，此論宗教圓融，為學佛之要典。再看「楞嚴正脈」，「唯識述記」，楞嚴唯識既通，則他經可讀矣。從前學禪見解一概丟開，俟經論通曉後，再看禪宗語錄，自然處處有著落矣。

答廖迪心（世臧）偈

問偈

願生極樂國，何法最簡便？願淨娑婆土，何道最尊勝？在彼華嚴經，
普賢行願品，有人如說行，可以生極樂，可以度眾生，是否此為上？
有因必有果，佛說萬法然，但此因果者，為以善惡判，為尚有他緣？
若以善惡定，眾生始何罪，而困於此苦？若不依善惡，而從機緣生，
一切諸善法，不可謂資糧。即如讀書論，此因生何果？設以所費時，
而思惟正道，或能得神通，是亦未可知，以此神通力，宜知世間法，
今以參禪時，而勤讀世書，其用未必多，而於道大害。於此疑惑結，
惟願為解說。法華與金剛，及以華嚴經，何經最殊勝？聞有真言宗，

其旨為何等？達摩東來時，云曾傳二書，一為易筋經，其一為洗髓，請聞其事實。又有楞伽經，與上三經者，云何而相比？佛制諸比丘，有病不服藥，豈以服藥因，不得病愈果？近今泰西醫，考得諸疾病，多由微生物；佛制不服藥，為恐殺微蟲，抑尚有別故？昔釋尊出世，當時天竺人，以比今支那，程度為何如？高僧得道人，於今遇見否？今時之佛法，在日本何如？像法昌隆時，支那之高僧，率居何等位？銅輪與鐵輪，先生何所居？自迷而問他，神會所受責，若知解宗徒，非所敢自足。略舉一二端，敬以質高明。

答偈

欲生極樂國，持名仗他力。欲淨娑婆界，勸人常念佛。華嚴行願品，極樂為歸宿，既得生極樂，必能度眾生。因果自相感，定不爽毫髮，欲知罪苦因，無明為根本。根本甚微細，習氣成瀑流，現前讀書業，成就世俗諦。猶如虛空花，復結虛空果，翳目者妄見，淨眼無所有。

惟知無所有，而不著斷滅，真性離有無，如如而應現。不瞋亦不貪，
不取亦不捨，清淨遊世間，是謂菩薩道。若以名利心，與人相爭競，
計較得失間，是則為麤行，非但障正道，實增無量苦；貪求神通力，
恐被魔所牽。若欲通佛教，起信論為最；既通起信論，然後讀楞嚴，
此一經一論，簡要便初學；華嚴與金剛，及以法華經，深奧難通達，
久後方能讀。欲知真言宗，是謂秘密教，大小三乘外，別為一法門。
達摩從西來，不立文字教，末後傳心印，唯指楞伽經；易筋與洗髓，
皆後人偽作。醫藥療眾病，四供養之一，制僧不服藥，佛無如是說。
釋尊出世間，聖哲同時生，滅度二千年，利根漸漸稀，今昔若相比，
高下大懸殊。現前比丘眾，參禪者最多，根法不相宜，得道甚為難。
日本傳佛教，共有十四宗，唯淨土真宗，弘揚最為盛，純提他力教，
全廢聖道門，與支那蓮宗，判然分二途。在昔南嶽思，自居鐵輪位；
天台智大師，唱言登五品；誌公觀音現，杜順文殊來；此等應化尊，
時時常出現，下凡與上聖，判若天淵隔；鄙人自忖量，名字位中人，
循循依佛教，不敢欺自心。承君殷勤問，約略答如是。

報告同人書

鄙人四十年來，屏絕世事，專力於刻經流通，竊以弘法利生為願。今垂老，尚有心願中未了之事，一俟病體稍瘥，當併日以進，用將大概，敬審我同會諸君。

一、編輯「大藏續藏提要」　經典浩繁，讀者苦難抉擇，今仿四庫提要之例，分類編定，以便初學。

二、類別日本續藏刻本為大藏集要　日本現刻之續藏，搜求甚富，但其中須加區別，以歸純一。今擬分三類，一必刊行者，一可刊行者，一不刊行者，甄定去留，使讀者不至迷於所向。先刻成大藏集要約三千卷，以便學者隨時購閱，餘俟陸續刻成全藏。

以上二書，體例略定，尚未著手編訂，期以數年，當可蕆事。此外尚有未竟之稿數種，亟須足成之。

一、「釋摩訶衍論集註」

右二書稿已過半，但搜葺諸家註說，及點句會文，頗費心力。儻天假之年，當有觀成之日也。

二、「瑜伽師地論」

三、「等不等觀雜錄」　雜錄約有百餘頁，原稿均散亂無序，略加編定，便可成書。

四、鄙人志願　亟望金陵刻經處刻成全藏，務使校對刷印，均極精審，庶不至貽誤學者。至他處所刻未精之本，聽其自行流通，本處概不與之合併成書。（謹案：大藏集要一名輯要，見序例。至所云瑜伽師地論，釋摩訶衍論集註，稿已過半者。蓋腹稿也。以先生晚年手顫，艱於握管，又無筆受之人，二書遂不傳於世，至可惜已！編者識。）

與釋幻人書

一（幻人法師出「法華經性理會解」併或問見示，書而歸之。）

捧讀大著，於古今註釋之外，別出手眼，誠為希有。但其中不無可商之處，略為大雅陳之。

經中有法說，有喻說，有託事表法，弘經大士，不可破事相，但須即事顯理。或問篇中，六種震動，寶塔高廣，劫日長短等論，均拂事相而談性理，似於教義有違。夫地動之文，處處有之。師言天翻地覆之勢，人何能堪？是專就凡境而言也。「楞嚴經」中，魔宮隳裂，惟魔有神通，方能見之，凡人不見也；「維摩經」內，持他方世界，置於此土，彼界菩薩知之，凡夫不知也。以此類推，大地六種震動，亦唯得通人乃能知見，世俗凡人，不知不覺也。

寶塔高廣，更無容疑於一毛端現寶王剎，維摩室內容無量座、芥納須彌等文，均是大小相入之理。至於六十小劫，謂如食頃，亦是延促自由之法。華嚴毘目瞿沙仙人，執善財手，經微塵數劫，亦此義也。大凡諸佛菩薩境界，不可以凡情難信，即拂事談理。若並無其事，而結集者憑空鋪敘，以為表法，豈非如邱長春之作西遊記乎？

且神通亦非虛言，人天二乘菩薩如來，皆有等差。如禪宗所謂：「神通併妙用，運水及搬柴」，乃指當人性德而言。頭頭顯露，法法全彰，在天而天，在人而人，不向人道外別說神通也。其實天道神通，遠勝於人，推而至於妙覺果海，迥非世俗所能思議矣！受持法華經者，即父母所生清靜六根，遂有六通之用。圓十信位，已能如此，若至初住，便能六根互用。「性理會解」引恭禪師聞風刺葉聲有省，東坡筆談悟互用之理，是謂六即中之理即。此經所說六根清淨，已到相似之極，將入分證位矣！豈恭師、東坡見地所能比擬也哉！

現前山河大地，盡屬假有，無非唯心所見。時劫遷流，生於行陰，是不相應法，若時量方量不破，欲其超脫輪迴，恐難之又難矣！所以三藏教典，皆非凡夫意言境界。法華所謂深固幽遠，無人能到者，此也。忝承垂問，敢獻芻蕘，不足當方家一笑。

二

來書：

衲比年來之代諸長老座，弘揚教典，自愧不勝。但依常規，消文釋義，有事談事，有相說相外，始談性理。蓋欲三根普利，其證性天，未嘗拂事相而談也。

至或問篇，特為執事相以詰難者迎辯耳。若但答以佛菩薩神通境界，非凡人所知等語，誠恐不足取信於人，又何能弘揚大教乎？故開方便門，示真實相，使迂拘之輩，知如來大教，有喻說、托事說，不可執喻昧理，取事為實，認黃葉以為真金，捨醇醪而餔糟粕，庶幾佛種不致斷絕；如意寶珠，窮子自得，大教之弘揚，又豈外於是哉！

衲於來教，深得一番領悟。敬為達者陳之。來教云：「經中有法說，有喻說，有托事說。」善哉言乎！來教又云：六種震動、寶塔高廣、劫日長短，以及一毛端現寶王剎、維摩室容無量座、芥納須彌等文，均是大小相入之理，六十小劫，謂如食頃，亦是延促自由之法者，此即喻說托事之說歟！經云：「普佛世界六種震動。」下文即敘爾時會中，四眾八部，人非人及諸小王，轉輪聖王，是諸大眾，得未曾有，歡喜合掌，一心觀佛，此事相也。佛性人所同具，眾生身心，即佛世界。一會大眾，即普佛世界。大眾見佛入定雨華，有所觀感，歡喜合掌，一心觀佛，非六根震動而何？（會義亦表六根）豈可拂經中之事相，而談註家之事相乎？蓋無主見者，是非不辨，故隨人轉，如來所謂真可憐愍者。

又經云：「於此經卷，敬視如佛，種種供養，華香、瓔珞、末香、塗香、燒香、繒蓋、幢旛、衣服、伎樂，乃至合掌恭敬。」下文又云：「若經所在之處，皆應起七寶塔，極令高廣嚴飾，不須復安舍利。」所以者何？此中已有如來全身，此塔應以一切華香、瓔珞、繒蓋、幢旛、伎樂、歌頌供養，此經中事也。上文上種種物供經，下文以種種物供塔無異，足見經即塔矣！又般若經云：「經典所在之處，即為是塔。」比法華經尤屬顯然，依經之事，表經中之法，有違教義否乎？又經云：「六十小劫身心不動，聽佛說法，謂如食頃。」上文六十小劫，下文身心不動，身心不動，則六用寂然，六識亦不行。劫波，此云時分。時，識也。依此事相，表經之法。再者，謂如二字，是相似語，執作實解，有違教義否乎？

至維摩丈室，容無量座，於一毫端，現寶王剎，芥納須彌等文，是喻心量之廣大，能收能放也。其可大可小，唯心量能之，物量大小有定，不能也。若謂佛菩薩境界，非凡情所測，按維摩丈室，毘耶離城，五印度境一航可通。五印度之天地與此土之天地無異，豈可指他方佛土言之？佛菩薩境界亦是性土之談，華嚴華藏世界及香水海，蓋表如來藏性海耳。楞嚴云：「如來國土，淨穢有無，皆是我心變化所現。世尊！我了如是，唯心識故，識性流出，無量如來。」如是非器界明矣！一毫端現寶王剎，與「楞嚴經」如來妙覺明心偏十方界、含育如來十方國土、清淨寶嚴妙覺王剎，是同是別？

芥納須彌，歸宗曾答李翱，載在語錄。今人不足信，古人有足徵。非釋家如是，儒家亦有此。中庸云：「始言一理，中散為萬事，末復合為一理。放之則彌六合，卷之則退藏於密。」藏於密，芥子也。彌六合，納須彌也。此理，性理也。誠如來教云：「一毛端現寶王剎……芥納須彌等文，均是大小相入之理。六十小劫，謂如食頃，亦是延促自由之法。」此理此法，與經書之理法，遙遙相對，妙哉！妙哉！此等文字，舍理法而作實解，何異世人看西遊記，見孫悟空神通廣大，拔一毛，口中嚼碎噴出，喝聲變，即變無量孫悟空；耳中定海神針取出，叫：大！大！大！即盈來麤細。此等文字，通人觀之，尚明所喻，何如來大教，竟如是觀耶！

古人謂依經講句，三世佛冤，此冤竟不可解耶！豈不令人痛哭流涕哉！誠如來教所云：阿難結集，如邱長春作西遊記矣！來教又云：「寶塔高廣，更無容疑。」是對無信根者說，如良醫治病，看證下藥，斷不以板方殺人，菩薩化人，亦復如是。著相者為說非相，著非相者為說實相，可謂妙於權矣！夫如來教典，故貴乎信，無信不入，故又不可不疑。無疑不悟，故大疑大悟，小疑小悟，不疑不悟，言從疑後翻成悟也。況信之一字，有邪正之不同耶！

來教又云：「神通亦非虛言，人天二乘菩薩如來，皆有等差。如禪宗所謂：神通併妙用，運水及搬柴。乃指當人性德而言，頭頭顯露，法法全彰，在天而天，在人而人，不向人道外別說神通也」。善哉！善哉！如是龐老之運水搬柴是，婆子之拈盞傾茶是，擴而充之，動作云為，無一不是當人性德神通矣！來教所云：「頭頭顯露，法法全彰。」豈不善哉！神通有等差者，由智慧有大小，故佛之智慧大，神通故大。菩薩智慧神通不及佛，二乘不及菩薩，天人不及二乘。

然佛之神通，又不在是。法華云：「導師作是念，此輩甚可愍，如何欲退還，而失大珍寶，尋思時方便，當設神通力，化作大城郭。」由是觀之，諸佛神通力，方便力也。所謂佛菩薩境界，凡人不知者，此也。著於事相，焉能見性。（如經云：時諸四眾計著於法），阿難所集，契經也（不可作傳記史書觀）。契合於道也，道即性也，性即理也。見性始證道，證道必見性。古人云：「離心談法，無有是處。」故楞嚴會上，詰責多聞，謂阿難憶持十方如來十二部經，清淨妙理，如恒河沙，祇益戲論。法華經：「長者密遣二人，共窮子除糞。」皆所以明三藏教乘，乃如來方便順眾生性而說，不可執也。般若經云：「如筏喻者，法尚應捨，何況非法？」此中實而權，權而實，三根普濟，共證菩提。是佛菩薩境界，非沙門、婆羅門、若天魔梵及餘世間所及。

來教云：「三藏教典，皆非凡夫意言境界。法華所謂深固幽遠，無人能到者。」是矣！以上種種，性理會解，已詳言之。今因來教有得，重而申之，是一番提起一番新也。

捧讀尊示，不憚詳細開導，真可謂老婆心切矣！然鄙人有不能已於言者，謹復約略陳之。

尊示有事談事，有相說相外，始談性理。鄙見事相即是性理，事相說透，性理全顯。是尊意分理事為二途，鄙意融理事為一致；尊意以大地山河目前萬物為實有，鄙意以大地山河目前萬物，唯識所現，了無實體，不過同業妄見，別業妄見耳。若證實相，轉變自由，一一無非真如妙諦，有何相而不破，有何性而不顯耶！不然，雖高談性理，只是第六識上所緣之影，了無實用，欲其橫截生死，不可得矣！

大小相入，長短相攝，超情離見之事，最微妙者也。胸藏萬卷，聽法忘倦，尋常意中之事，至淺近者也。尊意以經文所顯微妙之法，為黃葉為糟粕；以後人所談淺近之理，為真金為醇醪，安得謂之不斷佛種乎？

尊示所引經云：若經所在之處，皆應起七寶塔，極令高廣嚴飾，不須復安舍利云云，此文顯然以經與塔及舍利為三事，何曾說塔即是經耶？起塔之事，三世諸佛法中之常軌，所以供養生身舍利；經典是法身舍利，亦應起塔供養，非是後人無知妄作也。金剛經云：「經典所在之處，即為是塔。」令人尊崇經典，如尊崇塔也。若塔即是經，經即是塔，則言塔不必言經，言經不必言塔，何須兩相比擬也哉！大凡同是一物而有二名者，必不將二名互相比論。何以故？原是一物故也。凡有二名，可以互相比論者，必非同體。何以故？定是二物故也。

又尊示：時識也三字，未知出何典？鄙意但知識是心法，時是不相應行法，若時劫不能融通自在，依然被十二時轉，何能轉得十二時耶？尊示：可大可小，唯心量能之，物量大小有定不能也；此真所謂心外有法矣！大而天地日月，小而纖芥微塵，無一不是唯心變現。儻離心之外，實有山河大地，則盡法界眾生，永無出生死之日。何以故？依報不能轉變，正報豈能自由耶？聲聞證無學果，眾僧不信，必令現十八變，若不能現，即須擯逐，因其犯大妄語也。此佛滅度後，初五百歲之通例耳。十八變中，地、水、火、風、空，皆能互用。菩薩入初住時，旋乾轉坤，又何足怪？

至於維摩丈室，在印度境，人人得而知之，豈菩薩神變，能現於他方世界，而不能現於此土耶？即如現前金陵城內大街小巷，屋宅荒野，無一微塵許地，不具十界依正，互攝互入，重重無盡。豈得此處定作穢土看耶？當日法華會上，如來種種神變，惟菩薩、大阿羅漢及根熟眾生，方能見之。見相即知法，即悟解，即證入。爾時靈鷲山中牧童樵子，僅見老比丘趺坐說法，有許多比丘居士圍繞靜聽而已，即諸天散華，亦不能見，豈能見無量諸佛菩薩同時雲集耶？

大師所引中庸云始言一理云云，此非中庸之語，程子之語也。大師於佛經不重註疏，至於儒書推尊宋人何也？程子就世間理事而言則可，而以此語作出世心法會，引證芥納須彌等文，則大不可。蓋心無形相，云何放卷？若以緣大境為放，緣細境為卷者，六識攀緣心也。其退藏於密者，宗儒所謂心要在腔子裡。楞嚴七處徵心，第一執尚未破，焉能見真性？夫真實見性者，隨機普應而無所在，雖無所在，而隨機普應。所以二祖覓心了不可得，即蒙初祖印可，後人點胸自許者，皆是執心在內也。周易所云：「洗心退藏於密，意在境智俱泯。」，與此有別。歸宗之語，祇就李翱能領會處應機答之，若作芥納須彌鐵板註腳，則活句翻成死句矣！

尊示屢提見性二字，見性是因中初步。又提開方便門，示真實相，此是果位妙用。經云：「唯佛與佛，乃能究盡諸法實相。」等覺菩薩，尚非其分，而謂參禪見性者能之乎？若云因該果海果徹因源，直須善財龍女之儔，頓證圓住，乃能如是。參禪見性者，何能企及？尊示引楞嚴經內佛斥阿難之語，蓋為多聞不修者，便呵多聞；為無聞盲修者，便呵無聞；應病與藥，豈有定法！除糞喻者，乃令二乘斷見思惑，非令其除三藏聖教也。見思若盡，即證無學果，便行三百由旬，到化城矣！

且就聲聞論之，在華嚴會聾啞，在阿含會斷惑證真，在方等會大受呵斥，在般若會轉教菩薩，在法華會授記作佛，如來教化，皆有次第，由淺而深。禪宗一門，直指人心見性成佛，雖云教外別傳，實是般若法門，觀五祖六祖之語，則可見矣！所以禪宗祇須直下見性，不論成佛不成佛。法華會上諸大弟子授記成佛皆須歷久遠劫，惟一龍女當下成佛，此經之義，不得以禪門見性概之。蓋禪人見性，大有淺深，晚唐以後，利根漸少。雖云見性，如暗室中鑽鑿小孔，得一隙之明，若比之太虛空曠，日月星辰旋轉其中，風雲雷雨變化其際，不可同日而語矣！明雖是同，而大小有異，以此等語言，證法華深義，何啻初生嬰孩比於成人乎？摩訶迦葉為禪宗第一祖，阿難為第二祖，法華授記成佛，均在久遠劫後，則其他可知矣。十二祖馬鳴，是八地菩薩。十四祖龍樹，是初地菩薩。可見禪宗證入深深性海，仍須歷位而修，始臻妙覺極果，不宜儱侗和會。

尊示又引楞嚴云：如來國土淨穢有無，皆是我心變化所現云云，大師判云：「如是非器界明矣！」此語聚九州鐵，鑄成一大錯。經文既言淨穢有無，則穢者有者，非器界而何？大師意謂器界必非自心所變，不但不知如來藏性，併不知阿賴耶識見相二分矣！密嚴深密等經，瑜伽唯識等論，皆詮此義。此義不明，則一切經論，窒礙難通，不得不別尋義路以解釋之。然法華經深固幽遠，五千比丘尚須退席，機未熟也，移置天人寄於他土，不堪受此大法也。今欲令下愚凡夫亦能見信，專就淺近而說，縱能啟凡愚之信，仍非法華深義。儻法華經義淺近如此，天乘尚未能達，何論二乘？何論大乘？更何論一佛乘耶！

總而言之，經中寶塔出現、諸佛雲集、地涌菩薩等事，當日在佛前聽法之人，曾見此相否？若實為未見有此相，則此經非靈山會上之經，乃阿難筆底之經矣！阿難既蒙授記，又證無學，更紹祖位，如欲立言傳世，化度後人，祇須直截痛快，暢會性理，又何必無中生有，憑空結撰，令後人無從摸索耶？尊示又云：依經講句，三世佛冤云云，更有離經一字，即同魔說，須是不觸不背，方免斯過。若只認上句而忘下句，豈但痛哭流涕，直是千佛出世救他不得也。

鄙人不避忌諱，作此逆耳之言，非欲爭勝於筆端，實為報恩於佛祖。此段公案，須俟彌勒下生時證明。

與釋惟靜書

一

前年沈雪峰歸自西蜀，備述晤談形狀，不勝悠然神往，頃者袁司馬到寧，得接手函，展讀之餘，如親道範，欣慰莫名。蜀吳一江相接，而水遠山長，二十年來不獲一晤，世途睽隔，有如是耶。且喜法緣相接，刻款頻頒，謂非真淨界中，心心相印乎？

會自別後，始而奔走於湘鄂兩省，既而馳驅於英法兩國，雖俗務叢身，而弘法之心，未嘗稍懈。近年閉戶窮經，於釋迦如來一代時教，稍知原委。始信孔顏心法，不隔絲毫；柱下漆園，同是大權示現。自覺家居與庵居無異，甘作世外閒人，不復問世態炎涼矣！

二

頃接手函，欣悉精神矍鑠，振興教育，為西蜀開普通之門，實法運興衰之一大關鍵也。江南學務，莫先於揚州天寧寺，而阻之者甚多，甚至同室操戈，鬥諍堅固，甚可歎也。拙作課本，承尊處刻印流行，欣喜之至，聞日本亦有人重刻矣！承賜「圓覺大疏」，拜領謝謝，若得刻資，亦擬鐫板，併在日本覓得大鈔，可相繼而刻之。承索出洋日記，雖往返二次，所見所聞，均與他人紀載無異。地在空中，一彈丸耳。老子所云：「不出戶，知天下；不窺牖，見天道。」知此理者，可於一毛端現寶王剎，坐微塵裏轉大法輪矣。

與釋遐山書

來示以古書所載老子蹤跡，疑真疑妄，請閱天人答宣律師問佛生時代，則脫然無事矣！西人在印度考究佛生時代，多種不同，莫衷一是，可見後人記往古之事，亦不能執為孰是孰非也。嘗見今人述數十年內之事，亦不能得其真，但如煙雲過眼而已。若於此等言句計較真妄，則唯識理不成。金剛經云：「一切有為法，如夢幻泡影，如露亦如電，應作如是觀。」請深味乎其言也！

與釋式海書

慈潤上善示以尊函，得知弘法情殷，慧光西矚，欽佩無量。今春同志諸君，聞知印度佛法有振興之機，彼土人士，欲得中華名德，為之提倡。但兩地語言文字，難以交通，明道者年既長大，學語維艱；年少者經義未通，徒往無益，遂議建立祇洹精舍，為造就人材之基。用三門教授，一者佛法，二者漢文，三者英文。俟英語純熟，方能赴印度學梵文，再以佛法傳入彼土。目前英文漢文教習，已得三位，惟佛學尚無其人，幸法師肯肩斯任，則三學具足矣！但此學塾與公私學校章程大不相同：教習各盡義務，不送修金；虛禮浮文，一概不用；來本塾者，人人自知分所應為，無主客之分，平等平等，各盡其心而已。法師惠然肯來，到甯日期，遲早均聽尊便。

與釋自真智圓國瑛書

接閱來函，承囑「唯識隨疏」刊板一事，敝處未能代辦。鄙人經手事件，有「瑜伽師地論」久未完工。此論是相宗之祖，世人患其無疏，頃得東洋覓來之「瑜伽論記」，係唐僧遁倫所作，約八十萬字，亦擬刻之。更有東洋求得之古本書籍，改定行款，校正訛舛，甚費心力，會獨任其難，其易辦者，則讓他人校刻，是則私衷所竊願也。

與周玉山（馥）書

一

比年來時事多艱，知交中引退者有數人，閣下其一也。回憶攝山之遊，何等豪健！一轉瞬間，已成六十衰翁。閣下仕而後隱，弟不仕而隱；閣下以隱為隱，弟以不隱為隱，殊途同歸，他日遭逢定當相視而笑也。台從南遷，不知稅駕何所？或云在清江，或云住泰州，或云暫入白門，即他往矣，令人莫測，其老子之猶龍乎？

娛老之方，莫妙於學佛。世間萬事，置之度外，神遊極樂之邦，雖南面王，吾不與易也。閣下既辭軒冕，敢以此言奉勸。北方來款，刻在「楞嚴正脈」、「壽經義疏門論」、「義記」三種之內。茲寄呈兩分，請以一分致裕方伯為荷。又拙作「陰符發隱」、「十宗略說」各一卷，呈請教正。便中惠我好音，不勝翹盼之至。

二

來書：

前請劭甫觀察求賜內典十三經，謹領到。近日有人論亡人作閻羅事，記得佛經中言閻王雖有職事，與鬼無異，略記不清。公博覽群經，望將經中言及閻羅事鈔示，或將原書封寄。甚感！

前聞解組歸來，遨遊廬阜，望風懷想，我勞如何。頃接手函，欣慰之至。釋氏十三經，由劭甫觀察經手，彼已付價。承問亡人作閻羅事，佛典所載，與世俗勸善書有同有異。蓋世俗書中，出於道家之言，故有十殿等名，而佛書則無之。佛家言六道，鬼道居其一，由閻摩羅王主之，權力甚為廣大。世俗所傳死後作陰官者，往往有之，不過如陽世大小職官而已。修行人若得此報，是大不幸。乃生前見道不明，於淨土法門，無專修之功，以致被業力所牽，受此陰界之報也。兒孫若為其造福祈生淨土，當於佛法門中作大功德；小則超生天界，大則徑往西方。此義散見於內典，不能專指一處，故無書可寄。

三

昨蒙垂顧，惜別殷殷，舊雨重逢，未知何日。會以足疾，不能隨侍旌旄，遨遊粵嶠，寸衷耿耿，墨楮難宣。唐詩有云：「此心曾共木蘭舟，直到天南潮水頭」，可謂先得我心者矣！

送上「觀楞伽記」一部，全椒釋憨山所作，東坡所謂不能句讀者，憨山透徹無滯，可稱傑作。「往生論註」一冊，梁曇鸞撰，此方闡揚淨土之書，推為巨擘。「禪源諸詮」一冊，和會宗教，惜全書不傳，僅存其序耳。「大小止觀」，天台家之要典也。「圓覺」「金剛」二經，註釋詳明。「維摩詰經」，極談妙理，顯密圓通，文約義豐。高僧初集，可見弘道有人，方能流傳至今也。

以上十種計二十冊，治事餘暇，偶一翻閱，贈書之人，宛在心目間也。

與馮華甫（啟文）書

來書：

接誦惠函，均已領悉。承詢云云，文以行陰不停，念念遷滅，世間極聖，猶落四見，不出心外之法，況乎後賢？因而入佛，默守話頭者，亦有年矣。及至廬山，兼閱教典，每讀無聞比丘短於聞教，師心為足，反遭墜墮。故知教宜廣薰，不致得少為足。然而教有權實、半滿開遮之別，故讀教者先須知時，方可區別事理。佛以觀機逗教，隨宜說法。如果儱侗，反被經縛，此觀教之不易也。

至於歸趣云云，實無處所可歸，若有處可歸，則亦化城之機。或以無住為住，亦可說得歸趣，然無住之義，深無涯際，若悟華嚴不動佛之義，則亦悟會無住之住矣。故佛說華嚴，終不離菩提樹，而偏會諸天；善財不動步於覺母之前，而偏歷百城；如是會之，即此即彼，豈有去來三世之跡。法性徧虛空，虛空無歸趣，而無我之我，亦無歸趣。無我之我，既無歸趣，則真知無住為住之義矣。

雖然，此須實證海印三昧，方許受用也。質之高明，未識以為然否？吾翁既得左右逢源之旨，乃蒙分明道出。先德曰：「分明一點無餘欠，不待明星已現前。」此語正合逢源之旨。如是則一理平等，宜乎法無不通，而密證之功，亦即深入無際耳。文以山河遠隔，阻於執侍，而渴念醍醐，不啻雲霓之望，還祈不捨有緣，時錫金針，以當曼室老人遙伸右手，為一摩頂耳。盼甚！禱甚！

頃接惠函，既承詳示道妙，敢以直言答之。

大凡學佛法者，入手切須的當。釋迦佛出現世間，應病與藥，初無定法。佛滅度後，諸大弟子結集三藏，是為教內正傳，後來東土天台、賢首、慈恩諸師所闡揚者是也。摩訶迦葉傳佛心印，是為教外別傳，東土六代祖師及五宗提唱是也。馬鳴、龍樹，宗淨土諸經，勸人念佛往生，是為教內別傳，東土遠公、曇鸞而後諸師弘揚者是也。

今閱居士見處，從禪門參學而入，以無住為住作歸趣，妙則妙矣，其如生死何？君云：「無住之義，深無涯際」，若單就無住二字，即是一切不著，別無深義。經云：「應無所住而生其心」又云：「應生無所住心。」，此中深義，在隨緣不變，不變隨緣之如來藏心也。夫金剛談無住之旨，為二乘發大心者剗其朕迹也；二乘已出生死，回小向大，故施此藥。華嚴經內，善財童子以十信滿心，方得親見文殊，指令南詢，歷參知識，證同佛智，是謂初發心時便成正覺，豈凡位所能企及！君云：「善財不動步於覺母之前，而偏歷百城」，此語不合經意。經文善財於文殊所，辭退南行，向勝樂國，參德雲比丘，直至五十三參之後，文殊遙伸右手，過一百一十城，摩善財頂，文義甚明。無去無來者，真諦理也；去來宛然者，俗諦事也。理事圓融，方入法界，僅從理上會得，解行不能雙圓，直須事上一一透過，始得真實受用。

若如近時杜撰禪和，稍得一知半解，便謂超佛越祖。世諦不除而除真諦，俗見不掃而掃法見，將一代時教盡行抹卻，豈知西天二十八祖造論釋經，宗說兼暢；達摩以楞伽印心，六祖無一字一義不合經文，方為傳佛心印也。居士所謂觀教不易者，是未得其旨趣耳。歸趣二字，不可含糊，發聲聞心，以初果為入流，以無學果為歸趣，是謂化城。發菩薩心，以初住為入位，以究竟妙覺為歸趣，是謂寶所。若未至初住，總不能斷生死流，唯有淨土橫超一門，是至捷至妙之法也。不然，雖透末後牢關，稍有業識未淨，亦不免於輪轉耳。一入胞胎，前功盡失，再出頭來，未知何日矣。

君云：「法性徧虛空」，不知虛空亦是妄見。楞嚴經云：「空生大覺中，如海一漚發，直得虛空量滅，始有少分相應。」據居士見地，不出當處即是一語，大似隔靴搔癢，故作此苦切之言，以為他山之助。弟於此事虛心體究，不敢隨聲附和，以蹈末法惡習，儻不以弟言為河漢，請將「大乘起信論」讀誦通利，自能透徹真實佛法，不至摩空捉影，虛費時光也。

與陳仲培書

來書：

僕一官承乏，久滯中州。屢蒙大府以餉弱兵單，詢及下走。而才庸識淺，無裨時艱，如須彌一螢火耳！負慚廊廟，有志山林，雖迷失本性，恆河沙劫，未能自憶受生，幸昔年密承乩示，有前生圓寂天目山之語。僕擬二三年後，片帆東下，直指石頭，見善知識，合掌頂禮，未識德山臨濟，肯棒喝及之否？然此猶俟諸異日，目前有急欲折衷者，特一一呈焉。

「金剛決疑」，憨山大士之所註也。僕始得之而驚，驚所解必得真詮也；繼讀之而疑，疑所解多違經訓也。須菩薩於楞嚴會上自白於佛者，頓入如來寶明空海，同佛知見。何至「金剛」一經，佛則重重宣示，須菩提則節節生疑？此等疑團，不但小乘無之，即吾輩窮經，其疑亦不至此。況過去青龍如來耶！願為有學折衷者一。

楞嚴咒心，即密語也。僕向不於密咒求解，但有則存之，不廢而已。善知識訂訛正偽，尤能上契佛心，一會至五會，僕俱成誦。每日敬讀全咒三徧。敬書咒末云：「敬誦三徧，弟子某某受持。」超度幽冥，所謂地獄餓鬼畜生，同時解脫。或告予曰：「此住相布施也。住相則咒不靈。」然否？願為有學折衷者二。

楞嚴之二十五學，圓覺之二十五輪，善知識擇何學、選何輪為涅槃門？願為有學折衷而訓告者三。

承詢三條，謹當裁答。

一者，金剛決疑，憨老之作，本於天親。昔無著宗彌勒偈而造論，以十八住釋「金剛經」；其弟天親，又以二十七疑釋之；法身大士，各抒己見，皆不違經意。須菩提所興疑問，為開導初發意菩薩而入般若法門，所謂影響聲聞，助佛揚化。釋迦會下，如是詢問，乃至千萬億佛會下，亦如是詢問。須以本迹兩門，權實二法通之，則一切經典皆無疑滯矣！

二者，咒是密語，從古不翻，蓋有深意。惟楞嚴咒，諸佛菩薩護法天神名號居多。每段內有密語數句，以滿漢蒙古西番四體全呪考之便知。虔心持誦，自他俱利。若見諸相非相，則一切有相，當體即空，雖念念度生，實無生可度，雖無生可度，而念念度生，尚何住相之有哉？

三者，修習法門，以稱機為貴。楞嚴獨選耳根，會則專學勢至，以一切佛法，入念佛一門，即華嚴經融攝無礙之旨也。嘗觀古來參禪之徒，既透末後牢關，而轉世退失者，往往有之；今時禪侶，未開正眼，輒以宗師自命，掃除經教，輕蔑淨土，其不損善根而招惡果者幾希！間嘗討論今古，偏者斥之，弊者救之，棄麤淺而求精深，捨浮泛而取真實，期與如來教法，毫不相違，允為淨土資糧。圓覺二十五輪，以三輪為本，即台家三止三觀之義。念佛法門，圓攝無遺，不假他求也。閣下身膺軒冕，心切林泉，其宿因深厚，已可想見。修道之士，未證無生法忍，輪迴終不能脫，惟有淨土，橫超一門，是出火宅之捷徑。他日行旌南指，暢談衷曲，豈非三生舊好乎！會漂流孽海，年已六旬。從公於江安湘鄂者十餘載，隨使於英法義比者六七年。應得升階辭不受，以中書君老於牖下，除流通法寶外別無所事也。

與陶榘林（森甲）書

久未晤談，渴意殊深。頃聞攝篆常鎮，欣喜之至。弟所求者無他，欲得大力主持，開辦釋氏學堂耳。揚州天寧寺已稟准立案，開辦僧學堂定於二月間開校。鎮江之金山江天寺，常州之東門外天寧寺，均在治下，亦宜開設僧學堂以振興佛教。但各寺住持僧安於守舊，不樂維新，非得大權力以鼓動其機，不能奮發有為也。

與陳南陔（采蘭）書

接奉手函，併學堂示稿，捧讀之餘，莫名欽佩。敝邑處山僻之境，民智未開，經賢父母為之提唱，他日學業有成，得預通才之列，皆蒙大德所造就也。弟衰老無能，不談世務者十餘年矣。自弱冠至今，以釋氏之學治心，以老氏之道處世。與人交接，退讓為先。客冬旅寧同鄉倡議學務，因弟於二十年前，自歐回華，曾提此議，故堅約聚談。而素性不與籌款之事，是以書捐一冊，並未寓目。兼之足力漸衰，艱於步履，自新歲以來，偏告於人不與聞學界事矣。去歲公牘信函，弟均不願出名，有兩次信寄劭甫兄伸明鄙意。而同鄉諸君仍以賤名列於簡首，實有違於老氏之道也。安徽學會，以賤名列於池董之內，亦非弟所知。蒯禮卿李幼山諸君屢促赴會，弟均未往，以固執之心不可奪也。老父台明鑒秋毫，尚希諒其愚衷，幸甚！

與李小芸（國治）書

一

接讀手函，領悉種種。刻資五十金，業已登收，當付收條，何以未到？聞他處已有刻「傳燈錄」、「五燈會元」二書者，金陵既無續到之款，即將存資改刻「觀楞伽記」，誠禪宗之要典也。明春可以出書。此中有陳仲培觀察一百四十金，經末載施資姓氏，或刻法名，或刻別號，請代詢示悉。仲翁原擬刻「法華指掌」，敝處因「指掌」不佳，不願流通。現有揚鎮僧俗，集資鋟板矣！近年嘗有就學於敝寓者，九江桂伯華為最猛利，已相依兩載矣。現擬添造房舍，能住二十人，造就佛學導師，為開釋氏學堂計也。僕建立馬鳴宗，以「大乘起信論」為本，依「大宗地玄文本論」中五位判教總括釋迦如來大法，無欠無餘，誠救弊補偏之要道也。漢汴鐵路明歲可通，居士能作金陵之遊乎？娑婆界中千載一時，非宿緣湊合，未易值遇也。

二

甲辰之歲得手書，併石墨二冊。書中有云六年俸滿乞退南來，懸想上年當到，乃至今未接光儀，不知稽遲何所？尊齒六十有五，弟年七十有二，安居樂道，正其時矣。

南方有人發願重興印度佛教，選才教授，敝處獨肩其任，台駕南來，共襄盛舉，是所願也。僧徒課程計三門：一者佛學，二者漢文，三者英文。三門精通，方能赴印度佈教。人數以十名為度，非五萬金不辦，籌款全仗他人分任。此乃釋迦如來遺教中一大事，因緣也。往歲尊處寄來三色套板楞嚴全部，業已奉還。茲有同人欲刻此本，如能將原本隨帶南來，俟刻成後送新書幾部，並舊書繳還原主，不至遺失。

與馮夢華（煦）書

夏間接讀手書，承允撰「金山長老二傳」，當即告知該寺退居老宿，不勝欣喜之至。秋闈揭曉，趨令姪壽桐處道賀。得聞尊嫂夫人於九月十四日亥時仙逝。敝內亦於是日酉刻謝世，先後數刻之間，南北如出一轍。敝內久病困憊，不能念佛者已半年矣。十四日午後，忽呼媳女輩扶起念佛一柱香，略睡片刻，復令人掖坐而逝，全身既冷，頂門猶溫，似有生西景像也。尊夫人去時，有善知識護持，想能不失正念，飄然遐舉矣！正恁麼時，顯示無常苦空無我之法，有志出世者所當猛省。

與沈雪峰（豐瑞）書

來書：

弟自別後抵署，內子業已去世。鏡花水月，原是虛浮。而廿載夫妻，緜惙時未能一面以助其往生，至今猶耿耿也。孫紹鼎比部為懷遠山長，由程朱而陸王，由陸王而禪宗，北方之學者，未能或之先也。聞亦曾與閣下論道，現與弟尚稱莫逆，日相質問，覺辦道之念油然而生，始知古人近朱近墨之言，信不誣也。今有疑義未能釋然，不遠千里，就高明證之。

長女年二十一歲，幼時聽父母講求因果，即戒殺放生。稍長，聞有議婚者，輒涕泣不食。問其志，云俟經義稍通，願至金陵投圓音比丘尼祝髮，弟即從其志，回覆者數家。然彼不過麤通文字，大部經典，皆未能讀。僅讀金剛、彌陀、心經、大悲咒四種，尚不能通其義，惟一心持誦佛名而已。去歲母歿，始持長齋，今夏偶患時證，纏緜二十餘日。弟時時囑其念佛觀佛，一心西向。彼自恨修持時淺，恐未能往生。至五月卅日辰刻，神氣大變，時而昏迷。弟即呼其名而警醒之，喻以必能往生之理，令其安心念佛。如是者數次，至未刻，忽令人扶起，西向而坐，合掌念佛。弟彼時因縣令之母有急病促往診治，萬不能卻，即囑媳女輩小心護持，如見垂危，切勿哀痛，但念佛助其往生為要。至酉刻歸來業已化去。

據媳女云：「弟出門兩刻，彼忽開目四顧，云父親何在？眾云出外。彼云：無事不必尋他，不過傳語請其放心。我頃間已蒙二菩薩引去見佛，業蒙佛授記下品下生，因世諦中有兩次到刲股療親之孝，改為下品中生，幸蒙父親時時提撕之力，請其放心，不必記罣也。僕婦孫姓者亦長齋念佛，見此情形，云：小姐是童女修真，得此利益，我輩半途修行，恐趕不上。彼云：念佛只要真心，不在半途不半途也。又囑親屬云：爾等平時念佛不真心，恐不得力；若能真心念佛，到此方知受用矣！大家勉之，我去矣！即垂目不語，按之，已氣絕矣」！

弟歸時，察其囟門額上猶如火熱。聞說神清語朗，來去自如，似已得善果。然有可疑者，因其讀經未能通達，持名不過三四年，遽生安養，恐無如是之易。且經云：一見彌陀，即不退轉。何以見佛受記之後，又得回來勸慰諸人？或另有因緣關係耶！抑臨終時為魔所擾耶！凡情未能測知，大善知識慧眼明察，定能澈其底蘊矣！請明以示我，以堅我輩淨土之願，是所深幸！所註「陰符經」已發刻否？如有印本，乞賜我一部為盼。

接讀手函，備悉種種。令嫒信心純篤，正念往生，甚為希有。阿彌陀經歎為難信之法，毘婆娑論說為易行之道，知此二言，便無疑義。觀經說十惡五逆，臨終稱名，尚能往生，況貞潔自處，一心迴向者乎？彼臨終時，感應道交，乃係前陰將謝，心鏡開朗，菩薩接引，如來授記之事，皆於中現，故能回顧家屬，勸進修持，非有去來之相，亦非魔事也。以理論之，下品生者，見佛聞法，無如是之速。然稱性法門，無前無後，一時頓現，雖千百年後之事，亦於頃刻間悉見悉聞。所謂長時作短時，短時作長時，非凡夫意識所能測度也。十萬億佛土，天仙神力，亦不能到。而念佛者與彌陀願力相接，一剎那頃，即生彼土。真淨界中，有何隔閡之有哉？

奉贈拙作「陰符經發隱」，併送孫紹鼎比部一冊。孫君信羅近溪之語，不出明了意識邊事。若能進而求之，將如來一代時教，究徹根源，則知黃老孔顏心法原無二致，不被後儒淺見所囿也。

與劉次堯（紹寬）書

接讀手書，得悉閣下潛心內典有年。文學之士，往往輕淨土而崇性理，鄙人初學佛時，亦有此見。自閱「彌陀疏鈔」後，始知淨土深妙，從前偏見，消滅無餘。現住娑婆世界，水火土石，皆是眾生染業所感；極樂世界，金銀琉璃，乃從彌陀淨業化成，非如世人有貪愛心也。楞嚴十因六報，就造惡最重者言之，所受之苦，從自心變現，各各差別，非從外來也。遙想閣下但閱經文，未看註疏，故生此種見解，若多閱注疏，自然了達無礙矣！金剛心經二種，註解甚多，須分三類，一曰正解，二曰俗解，三曰邪解。專閱正解一類，俗解邪解萬不可閱。大凡佛經八面玲瓏，其文義之妙，如神龍變化，飛空絕迹。若以世俗之見窺之，徒增迷悶耳。

佛經理事圓融，毫無虛妄，久久精研，自能通達。拙作佛教初學課本可閱，附呈僧學堂課程一紙。

與鄭陶齋（官應）書

來書：

伏處海隅，耳盛名久矣！人事牽擾，道遠莫由瞻奉。引領松鶴，我勞如何？下走嶺南下士，碌碌因人，船算濫司，愧無建樹。值此國步艱難，翠華遠狩，中原蒿目，痛哭新亭，此海內忠義之士，心所同具者也。竊思兼善之機既阻；獨善之道可為。下走雖混俗趨塵，然好道之心，童而習之，至衰朽猶如一日。祇以至人未遇，口訣難逢，仰視青霄，每增浩歎。側聽先生，抱道在躬，和光養性，生平心得，定有不凡。問途必於已經，自是求道者第一要義。其秘密藏固不敢妄請賜教，至若授受之陳跡，初終之大旨，正邪之分界，天人之節次，敢乞不棄顓蒙，有以教之，幸甚禱甚！拙作詩草二冊，聊用伴函。

頃奉賜函，並大著二冊，展誦之餘，莫名欽佩。去聖時遙，人情澆漓，誠心向道，迴出塵凡，非夙具大善根力，曷克臻此？承示時務多艱，此皆眾生業力所感，正是菩薩悲願度生之境；修行人常以兼善為懷，若存獨善之心則違大乘道矣！

鄙人學佛以來近四十年，始則釋道兼學，冀得長生而修佛法，方免退墮之虞。兩家名宿，參訪多人，證以古書，互有出入，遂捨道而專學佛。如是有年，始知佛法之深妙，統攝諸教而無遺也。蓋道家首重命功，佛家直須命根斷。命根斷，則當下無生，豈有死耶！生死既不可得，而假生死以行大願，是以華嚴經中，善財所參善知識，比丘居士、仙人天神，錯雜間出，皆是一真法界所流露也。若認定金丹祕訣修成之仙、或為仙官、或為散仙，總不出上帝所統之界，不過高於人界一等耳！雖壽至千萬歲，亦有盡時也。

鄙人常以「大乘起信論」為師，僅萬餘言，徧能貫通三藏聖教。凡習此論者，皆馬鳴大士之徒，奉贈一冊，以備流覽。又拙作「陰符發隱」「十宗略說」各一冊，呈請教正。起信論末提出淨土一門，為超脫輪迴之捷徑，昔曇鸞法師捨陶弘景所傳之仙訣，專修十六觀法，往生淨土，豈非人傑也哉！願與同志者效之。

與夏穗卿（曾佑）書

來書：

夏間得手書，並起信義記，歡喜無量。觀書目，方知有「地論」暨「識論述記」之刻。知仁者弘法度人，本誓無盡，何幸末法有此智燈；當與六道眾生同作踴躍。

弟子十年以來，深觀宗教。流略而外，金頭五頂之書，基督天方之學，近歲靡能通其大義，辨其徑途矣！惟有佛法，法中之王，此語不誣，至斯益信。而此道之衰，則實由禪宗而起明末，唯識宗稍有述者，未及百年，尋復廢絕。然衰於支那，而盛於日本，近年來書冊之東返者不少，若能集眾力刻之，移士夫治經學小學之心以治此事，則於世道人心當有大益。知此理者，其居士乎？

述記刻成幾何？其原書論記別行，古書皆爾，然學者頗不便，新刻似可相合。地論文廣理賾，此時讀者恐稀，不如以因明論先之。尊處所刻大疏，尚恐其簡，前見日本人所開現存因明學各家有七十餘種，直當廣行十數種，使人衍熟其法，則以後可讀慈恩各種書矣！近來國家之禍，實由全國民人太不明宗教之理之故所致；非宗教之理大明，必不足以圖治也。至於出世，更不待言矣！

又佛教源出婆羅門，而諸經論言之不詳，即七十論十句義，亦只取其一支，非其全體，而婆羅門家亦自秘其經，不傳別教。前年英人穆勒，始將四韋馱之第一種譯作英文，近已買得一份，分四冊，二梵二英，若能譯之以行於世，則當為一絕大因緣。又英人所譯印度教派，與中土奘師所傳者不異，惟若提子為一大宗，我邦言之不詳，不及數論勝論之夥。又言波商羯羅（非商羯羅主也）源出於雨眾，將佛教盡滅之，而為今日現存婆羅門各派之祖，此事則支那所絕不知者，附上以廣異聞。

頃接手函，得知公務之暇，備研各教，甚為希有。金頭五頂之書，未知說何道理，便中祈示一二。

基督天方之學，皆以事天為本，其源出於婆羅門，而變其規模也。婆羅門教最古，以大梵天為主，或有宗大自在天者，皆從人道而修天道，不出六凡之表。佛教興，而婆羅門之明哲者，多從佛教。利根上智，現證阿羅漢果，即出六凡而為四聖之初門，可見佛教非出於婆羅門也。西人在印度考求各教，但求形跡可據者載之，謂佛教後出，遂以婆羅門為其源，信有聲聞法，而不信有菩薩法。以菩薩法係文殊阿難在鐵圍山結集諸大菩薩，以神通力流傳世間，凡夫始得見聞，西人不明其理，往往疑而不信也。

唯識古書，亡於元末，明季諸師，深以不見為恨。近從日本得來者有十餘種，已將述記合論付梓，現已刻至四分之三，來歲五六月間可出書矣。「因明大疏」之外，尚有「義斷前後記」等，皆唐人所作，有款當續刻之。「地論」百卷，因無巨款，久久未成。尊示云：「佛教之衰，實由禪宗。」支那固然，而日本則衰於淨土真宗。近閱真宗之書，與經意大相違背，層層辯駁，冀得改正。接得復函，知彼決不能改，亦無可如何耳。

與桂伯華（念祖）書

一

來書：

違教數月，渴想良殷。前者普陀之遊，本可旬日間即返金陵，詎行至寧波舍戚處，得江西家信，言家中用度缺乏，亟須早歸。遂急往普陀，草草遊歷，僅住四日而返。歸途金盡，遂徑溯江而上，不及更詣金陵，趨聆教誨矣。

在普陀時，晤後寺法師名印光者，係陝西人，道行深淺，非某下愚所能窺測。然其人亦素知夫子，不知夫子亦知其人，且悉其所造否？日後出家，擬即求其剃度，師謂何如？自贛返省，見與李澹緣第一書，歡喜無量。自九江還，又見與澹緣第二書，又大歡喜。澹緣勇猛，同輩中實罕其匹，又得吾夫子指示途徑，其造詣寧可限量？

今又有黎君端甫者，係豐城人。同輩中聞佛法者，以彼為最早，氣質亦以彼為最純。惟入門之始，乃讀鄧厚菴書者。厚菴之學，吾師曾議其穿鑿，故前自普陀回，曾將此意函告。往贛後，彼曾以一書寄某代呈，因亟為呈覽。此人誠篤異常，若不棄而辱教之，當能荷擔大法，非僅僅作自了漢者。或即將所賜澹緣二書鈔寄示之，未識可否？

江西僻處蠻荒，聞法較晚，然發心向道者，時時有之。近時浮慕佛名，且以己意或世間法附會經義者，亦不乏人。惟李澹緣，與其叔澄字靖瀾及黎端甫，又九江城內一少年徐子鴻者，宿根最深。若有大善知識如夫子者，時時開示之，策勵之，紹隆三寶，未嘗不在是人。惜緣分淺薄，罣礙輒多，即賜函中言澹緣若來金陵，可暢談一切者，此事亦大非易。緣其尊人邪見甚深，彼家近在城中，而書疏往返，必由某處轉達者，亦以其父子異性，多所妨礙故也。今若無故專以求法而來金陵，其父必大詫，以為怪事。欲求如願，勢必假借一事，乃可起身，此非旦夕所能，須緩緩謀之。娑婆濁世，生此者，皆障深業重，信然。

即如某者，識颺神飛，非出家離俗斷難一心，而家貧親老，又不得不勉彊從俗以博取升斗。然既已從俗，則目所見，耳所聞，身所接，罔非退道之緣。進退兩難，無計可設。普陀一比丘名真達者，曾勸某一意出家，謂家中諸事皆有夙因，決不因某之出家而有損益。某知其有理，而未深知可否，敬求吾師為某決之；何去何從，總以易得一心，而不至增造惡因為至美。某實愚癡，深恐墮落，惟吾師哀愍而教導之。幸甚！

前接正月二十三日手函，備悉一是。普陀印光法師未曾晤面，不能知其造詣淺深。出家一事，須父母聽許方可，否則違佛制。僕但勸人學佛，而不勸人出家，因出家者雖多，而學佛者甚少也。且投師最難，曾有相識者，為師所拘，反不如在家之得自由也。近時僧中有負盛名而未達佛意，竟作人天師表，受徒千百，供養禮拜，敬之如佛，而所開導於人者，實未能施對證之藥也。

足下嫌俗事為累，難得一心，鄙見當以四弘願為本，時時研究佛法深義，徹見六塵境界當體空寂。一切煩雜世務，無非菩薩行門，念念回向淨土；信口稱佛一句，孤孤另另，無依無傍，即是往生之捷徑也。若必待屏除萬緣方能修行，則佛法不普，恐千萬人中難得一二矣。

黎端甫從鄧氏書入手，未合大道。今將駁斥鄧氏之言，詳答黎君函內，煩轉寄為荷。黎君若能親到金陵，罄其胸中所欲言，自當為之抉擇精麤，指引歸元之正路也。復澹緣二書，可鈔示之。澹緣之父不信三寶，可勸澹緣持大悲咒以轉之。往者先母亦不喜學佛，曾以咒力冥熏，數月之間，釋然無事，故以此勉澹緣也。

端甫欲得蓮池尺木著述，併拙作，現有「雲棲法彙」，係功德主施送之書，寄上一部，以備同人觀覽。尺木有一行居集專談出世法，板在常熟，難得其書。拙作僅有「陰符發隱」「十宗略說」二種，各贈五本以餉同志。欲作「論語老莊列四種發隱」，尚未脫稿，擬將前人未曾發明者表而出之，以新人耳目，然不免俗儒之唾罵也。若將孟子評論一番，更為世所詬厲，故祇與人談論，而未曾形諸楮墨耳。九江徐子鴻志趨若何，出世法門能知路否？便中示悉為盼。

二

前接澹緣信，知台仍在興國，拙函想已入覽矣！茲有友人深願學佛者精通唯識一門，以續千年之墜緒。聞足下嚮道情殷，願助贍養之資，每月六元，俾得前來金陵，久住敝宅，專心研究因明、唯識二部。期於徹底通達，為學佛者之楷模，不至顢頇儱侗，走入外道而不自覺，實振興佛法之要門，且於淨土道理深為有益。蓋莊嚴淨土，總不離唯識變現也。

助資者，有校書之事相煩，每日不過三點鐘耳。如合雅意，請即附輪東下。此係世出世法兩全之道，較之捨親入山，不尤心安理得乎？

與李澹緣（息）書

一

來書：

屢聞桂伯華言及先生理解圓融，導引懇切，為當代昌明佛法第一導師，不勝傾慕，每以不得隨侍左右為恨。然聞桂伯華所述先生指點之方，已不啻耳提面命，只患自身不能精進專一，以解自纏縛，致有負先生護念一切之懷耳。

息自聞先生誨人之旨，又得桂伯華鞭策，遂發一念歸西之心。邇日更覺淨土一門，為世尊方便度世之苦心，眾生歸宗離濁之捷徑。其他諸宗教雖善，然當此時世，有不暇為者矣！想先生誨人心切，淨課之暇，可否誨息數言，使歸西之心益加警策，得以歸於淨土？將來諸佛轉娑婆為淨土之際，得以預於其間，稍助微力，曷勝幸甚！

頃接手函，領悉種種。發心向道已屬甚難，專修淨土，更屬難中之難。閣下篤信不疑，非宿根深厚，曷克至臻此？雖未能覿面傾談，而志同道合，已不啻同堂晤對矣！

念佛法門，普攝三根。中人以上，宜以三經一論為津梁，「無量壽經」、「十六觀經」、「阿彌陀經」、「往生論」。更以「大乘起信論」為入道之門，通達此論，則「楞嚴」、「楞伽」、「華嚴」、「法華」等經自易明了。蓋彌陀因地修行，不外此道；往生西方之人，在彼土修行，亦不外此道；是謂師資道合，生品必高也。或疑其為雜修，不若專修之切；蓋不知淨土一門，括盡一切法門，一切法門皆趨淨土一門，此是純雜無礙、利根上智所行之道也。若不如是，恐年久生疲，不見昇進，必至退轉。修淨業者，不可不知。

尊函內有將來諸佛轉娑婆為淨土之際等語，此是見道未深，故作此想。當知娑婆是眾生妄業所感，猶如空華，本無實體。淨法界中，極樂、娑婆皆不可得。而彌陀以大願力顯現極樂國土，如鏡花水月，攝受眾生，入不退地。若以質礙心求之，去道遠矣！娑婆世界，釋迦佛大悲心所化之境，一切菩薩修種種難行若行，均於此土修之。菩薩入空三昧，則世界了不可得；入如幻三昧，則世界宛然。是謂空有無礙一念全收，不待將來轉移也。

二

來書：

辱賜手書，曲為開示，先生之誨人不倦，循循善誘，於此益可見矣！所云息前言轉娑婆為極樂之語為見道未深，故有此想，誠然如是。當時蓋尚未達平等一法界之理，而厭苦欣樂之心過勝也。

近遵來諭，讀起信論，漸知真如生滅麤跡，於「一切惟妄想造」能明了無疑。但其中真如、生滅二門，義極弘深，難遽盡解。竊擬自今以後，凡讀起信論一徧後，讀大乘經一部；讀大乘經一部後，復讀起信論一徧。如是循環讀之，似方可盡其義。大乘諸經論，來示但云「楞嚴」、「楞伽」、「華嚴」、「法華」四部，此外尚有幾部當看者？即此四部中，不知何家之註為最精要當看？其餘如各家撰集，不知亦有當看者否？

淨土法門，讀誦大乘之外，尚有嚴持戒律。袁氏紀夢亦云：「乘急生最高，戒急生最穩。」少戒者生邊地，甚至墮天龍八部，是戒亦淨業最要之事。但如息輩，尚係在家人，出家之具足戒，勢難盡守。不知當受何等戒律方為允當？律部諸書，不知有幾部當看、可看者？受戒之時，不知須請當代大師為授戒師否？抑可於佛前自受之？伏乞明示。

歲杪接手函，得悉種種，居士嚮道之切，為近時所罕見。應答各事，條列於後：

一、起信論既能深究，必得通達其註疏。先閱纂註、直解，後閱義記、海東。此四家以賢首，義記為主，別記亦大有妙處。閱之數過，其義自顯也。尊意將此論與大乘經循環讀之，其法甚妙。

二、大乘經論，前函所提四種內，「楞嚴」閱正脈、「華嚴」閱疏鈔、「法華」閱會義、「楞伽」須閱憨山筆記。現無書購即，閱宗泐註亦可。此外尚有「圓覺略疏」、「金剛宗通」、「心經五家註」、「維摩註」、「十二門論」、「法界無差別論」，均可次第閱之。各家撰集，先閱蓮池、憨山二家，為近代之正法眼也。

三、戒律一門，受持不易，一受便不能犯。在家人雖未受戒，亦可學戒。戒律多種，當以「梵網經」內十重四十八輕為主。有賢首疏可為準繩。在家五戒，即在十重之內。至於比丘律儀，專為出家人而設，在家人不宜閱，佛有定制。他如「菩薩戒本經」，最宜讀誦，不但學道人宜遵，即世俗人學之，亦可漸入聖賢之域矣！至於受戒一層，必從師受。若千里內無師，許在佛前自受，須要見相好，否則不得戒。以鄙意揆之，與其受而不能持，不如學而能遵也。

三

來書：

息不獲如伯華之親侍杖履，日聆訓誨，深自悲痛。道力淺薄，每為世務所障，虛度時日，不能精進，唯願吾師哀我念我，一策進之，幸甚！

一、近讀起信論，於心真如已無疑義。於心生滅無明起處，仍未能徹見其根，終有窒滯。未知此義何經論中曾發明之？乞一開示，以便參究。

二、無明起處極細微根，雖非凡夫所能明了，然其根之大端若不徹見，覺一切功夫皆無著落矣！不知以為何如？

三、近擬讀起信論畢後，將楞伽經細觀一徧，使心體用益能明徹，庶斷惑之功，易於著力。

四、近以為固執之心，實不可無，初學之人，俞固執則愈堅忍，愈堅忍則愈精進，固執久久，自無所執而執。其所以有泥著之弊者，蓋執之而不固耳。不知以為然否？並乞開示。

接閱手函，情辭懇切，雖隔千里，志同道合，夙世法緣，非偶然也。所問之事，條答於左：

一、讀起信論既於真如無疑，當知無明依真如起，欲求起處不可得，即是無明無始起之相也。若無明有始，則涅槃有終，便違教義。「心經」云：「無無明，亦無無明盡」，即顯示無明本無也；其用功處，在照見五蘊皆空。五蘊以色為首，色蘊空，則餘蘊自迎刃而解矣！法界觀前十門專明此義。

二、無明有根本，有枝末。根本者，住地無明也；須至金剛後心才能斷之，非凡夫所能了。枝末者，一切煩惱妄想也；道業精純，漸伏漸斷，古人觀念頭起處一法，亦可用之。念頭起時，纔一觀照，即不可得，便知無根。若求著落，直須前後際斷，徹見本來面目。宗門所謂腳跟點地也。

三、讀「起信論」後，研究「楞伽經」，經論互相發明，解悟最速。

四、固執之心，在善用與不善用耳。善用之，則為堅忍、為精進；不善用之，則拘泥不化，難超情見也。

四

來書：

正月中奉到復函，示以讀誦大乘次序，慶幸無量。自今正月以來，憤自責修，於淨業誓不退墮；讀經念佛亦略有所會。但恨根鈍障深，不能直入佛之知見，證我本來圓妙法身，殊深自痛。然以無始無明故，兢兢業業，唯有精進自勵而已。謹將近所自課者，條達於左，伏願哀誨為禱。

一、自遵前示讀「起信論」、「楞嚴正脈」、「圓覺近釋」、「華嚴疏鈔」後，少知毘盧法界體相。然後於前示所謂空有無礙一念全收者，豁然無疑矣！近尚在讀「華嚴」，兼閱「彌陀疏鈔」，唯資質鈍甚，每一義現前，不能即斬然明了，必數過後，始能略詳端倪也！

二、淨業修行，現事以持名為主。竊謂此事必先由念念相續、心心相應、雜念不起、事一心後，乃能念而無念，無念而念，孤孤另另，無能無所，信口稱佛一句，皆是全體法身之理一心也。未審以為何如？

三、示伯華函中有云：「必待屏除萬緣，方能修行，則佛法不普。」，此理即是，息近日始見得。息以為能否屏除萬緣，亦有因緣，前因既種，安能無果？果視其因，不可易也。行者但當慎現在因，安受前果而已。且萬緣皆是前孽，前孽盡，而後萬緣可除。息以此故，以四事自誓曰：不得耽樂靜寂，遇一切難事苦事，但至心憶念於佛，不得生畏避心；遇一切難事苦事，當念法界眾生所遇事，更有甚於我者，念畢即為自他懺悔；遇一切福田，更當勇猛為之；但須憶念於佛，至心代自他回向；以此四事為世間屏緣助行，未審可否？

四、某功德主所施之「雲棲法彙」，如散未罄盡，請再寄下一部。息意欲存於撫州正覺寺，以備是處淨業人閱也。

前接手函，領悉種種，略答數條，以供法喜。

一、「華嚴疏鈔」既能全閱，必得超越常情，徹見一乘妙諦。賢首所作「一乘教義分齊章」，亦宜連類閱之。經中深義，未能當下明了者，當於佛前至誠頂禮，心念佛光灌頂，久之自能豁然通達。若以思維心推究，去道轉遠矣！

二、念佛法門，欲得心心相續，先事一心而後入理一心，非屏除萬緣不可。然在俗者，此境難得。前此復端甫信內，有無後心、無間心一段，用當念一句為主，截斷前後際，是煩雜中念佛之捷徑。請檢彼函閱之，自知事一心、理一心之妙境也。

三、來函所云：「前孽盡，而後萬緣可除」，不知孽性本空，但隨妄念而起，若能觀心無念，則罪福皆不可得。儻心存孽盡緣除之見，雖經無量劫，亦無除盡之日也。所發四誓，皆作助道因緣，但不可執，執之則妨道。

四、「雲棲法彙」，向功德主乞得兩部，一施撫州正覺寺，一施豐城同德書舍。附寄「起信正文」十本，分贈同人，以資讀誦。又「流轉章」、「十世章」，合訂十本，係賢首之作。在塵勞中，用此法門最為巧妙，行之既久，冥契華嚴法界而不自覺。古德法施之力有如是耶！

與黎端甫（養正）書

來書：

頃聞同參兄桂公，述吾師悲願弘深，淨功圓滿，不勝渴慕。養正久發出世心，奈俗緣牽絆，有名無實，舍己芸人處極多。加以宿業深重，當應事之時，心易走作。誠恐頹墮日下，光景易移，不早辦前程，自誤誤人，伊於胡底，常欲訪求名宿，一問初津，今遇吾師，實為三生有幸。吾師嚮來念佛得力，果從何處下手，幸詳示焉。

頃由伯華遞到手函，得知足下嚮道情殷，歡喜無量。大凡此事入手切須純正，聞君向閱鄧厚菴之書，恐非學道正軌。今略指數端，請詳察焉！

鄧氏全書，劉華軒軍門刻於金陵，共百餘萬言。其首卷性學語錄，第一篇立論近俗，於第一關明言之，第二關則隱言之，使人不能曉，而令其求真師，外道作用大抵如斯也。次章論性，乃云心思總在性上用功，是以六識緣八識見分以為真性也。又云道中之法，是於非道中強執為道，並於非法中強執為法也。孟子搏而躍之、激而行之一章，最不合性理，鄧君奉為準繩，可見其不知性矣！

鄧君每以孔孟並稱，而未嘗稱孔顏，是不知聖賢之階差也。孟子未入孔聖堂奧，書中歷歷可指。宋儒以四子書並行，俗士遂不能辨。鄧君坐在宋儒窠臼中，何足與論大道耶！

「觀音閣語錄」第一百八十四葉云：「上帝為太極之總綱，包羲為次總綱，儒釋道為分見之總綱。」此等語言為西教之先導，他日必有因此而捨三教，專崇基督教者，其害可勝言哉！按儒家所說上帝，即佛經帝釋；道家所說元始天尊，即佛經大梵天王。佛未現身，大梵天王自以天地萬物由我一念而生，故亦名為大我慢天。佛現身時，梵王帝釋請佛說法，恭敬供養。是佛為十法界之尊，帝釋但為欲界三十三天之尊，梵王但為色界初禪之尊，有世間出世間之別也。

「性中天遺訓後集」卷一第十三葉，以儒為陽教，以佛為陰教，且云聚大地真陰之靈生一阿彌陀佛。此種語言，不知用何等心捏造而成也！又第九十六葉釋家本旨一章，言佛法如珠光，從幽洞中引出；儒教如日光，出洞見日則不用珠光矣！此章借牟尼宣說，較之他人謗佛過百千倍。十方泥梨，不知何時得出也！

皖北有鮑老翁者，盛稱鄧氏之道，云鄧氏不假乩壇，但心念某神，神則附體，信筆疾書，皆神之所為。以「楞嚴」證之，即天魔飛精附人之類也。信之者眾，亦魔力所攝，將好心學道之人，牽入魔網而不自覺。可不悲哉？

承問念佛下手處，曇鸞法師有無後心、無間心之語。信內光景易移，早辦前程等語，是有後心也。人命在呼吸間，何能存此後心？無論千念萬念，只用當念一句以為往生正因。前句已過，後句正出，亦在當念。如是，則心不緣過去，不緣未來，專注當念一句，是謂事一心。無論何時，可以往生，久久純熟，當念亦脫，便入理一心，生品必高，其無間心即是無後心之純一境界也。欲明佛法深義，須研究起信論，併將淨土三經及往生論時時閱之，於出世法門自能通達矣！

與梅擷芸（光羲）書

來書：

去歲蒙教，獲聞妙法，億劫顛倒，今始知歸，此德此恩，粉骨碎身未足報也！自叩別尊顏，倏忽逾月，塵勞碌碌，無得暫停，濁世浮沉，必將退墮，茫茫後顧，實為可危。惟有仰求我師慈悲哀憫耳！此間諸人，宗旨各異，妄想分別，無量無窮。弟子竊不自量，頗欲為之講演，而智慧辯才，又不足以任之。奈何奈何！

竊念今日娑婆世界，現身人世，破邪說、立正義、普救群生者，惟我師一人而已。雖復眾生業重，佛法當前，不覺不知，然以我師大慈大悲，度必有哀其沉淪而為之垂救者，弟子用是敢至心懇請轉大法輪，於無說中，方便開示。竊聞相宗各書，以「成唯識論」及「瑜伽師地論」為最要，成唯識論、已有窺基大師之述記，而「瑜伽師地論」尚未見有註釋。我師達一切法，具一切智，可否將此「瑜伽師地論」詳加註釋，俾諸眾生有所仰賴。

此固我師之慈悲，亦即弟子之所請求者也。

弟子擬於二月中旬乘輪入都。承命查詢各種古逸佛書，俟到京後，當為詳詢，如有所得，再當報命。桂君穆仲已抵金陵否？現寓何處？暇時尚乞致意。

前接二月十一日手書，情詞懇切，溢於墨楮，世衰道微，非具此等心腸，焉能自他俱利？所云防退之法，無如念佛生西，不論何等根器，信入此門，便能直超三界。但智愚不等，各有障閡，欲破其障，甚不容易。惟以大悲願力，隨機化導，不以法緣通塞易其心也。「瑜伽師地論」，有唐僧遁倫作記八十萬言，已從日本傳來，可以發明論義。若有刻資，即當鐫板。「唯識述記」，頃已出書，俟足下京寓來函，再當郵寄。

穆仲於二月初旬到寧，現居敝寓研究「起信」、「十二門論」、「法界觀」、「十玄」、「六相」，漸通門徑。現閱「楞嚴正脈」，頗知經義之妙。知注附及。

與呂勉夫（佩璜）書

頃接手函，領悉種種。身居學舍，而能專心向道，誠為希有。「楞嚴」、「維摩」二經，初學難得頭緒，文約義豐者，無過於「大乘起信論」，熟讀深思，必能貫通佛教原委。

承問堂課與讀經，外操與坐禪，有無妨礙云云。堂課之暇，研究內典，毫無障礙。惟坐禪一法，只能專修，與勞動之事，兩相違背，縱修亦不得力。念佛法門，則時時可行，其得力甚速也。入門方法，以研究內典為本。須將「大乘起信論」讀誦純熟，再看纂註、直解、義記，三種註解，由淺而深次第研究，此論一通，則一切經皆有門徑矣！坐禪之法，祇能專修，若有他事間雜，決不得力。唯有念佛一門，無論作何事業、皆可兼修，且收效最速，一生淨土，即登不退地也。

臘月放假時，若能到金陵度歲，即在敝處下榻，專心看經，每日可抽一小時講解，一月之內必能通達佛教大旨矣！

與王雷夏（宗炎）書

接十七日手函，領悉種種。「釋迦譜」一書，久欲刊板，而無來款，貴友欲刻此書，可喜之至。但敝處所擬刻者，是藏經內十卷之本，與現在流通之本－繪圖二百餘幅者，迥不相同。此本原名「釋迦如來應化事蹟」，世俗呼為「釋迦譜」也。十卷之本，弟有明刻。二十年前交卓如兄，至今未還，若欲發刻，須將原書索回，否則無可借也。刻貲約在二百數十元。

閣下時閱「壇經」、「夢遊」二書，居塵勞擾攘之中，欲求證入，誠非易事。且「壇經」所接之機，惟在上根利智，數十年來，未見其人。學者但貪其一超直入，求之終身，而不免於輪轉，反不如專修淨土之為得也。

弟眼昏手顫，復書甚難，頃得代筆者始能作答。前由郭小艇寄新作「四經發隱」二冊，一贈令兄道農，一請公餘流覽，想已達到。

與陳（大鐙心來）書

來書：

先生現白衣身，為如來使，宣說法要，撈摝人龍，鐙等獲與同時，幸甚幸甚！鐙等聞靈峰大師言：「眾生無始而有終，諸佛有始而無終。」審如是，則未來九法界當成一佛界矣！云何經說佛界不增，生界不減耶？若云三界外別有眾生始起者，則是天魔外道之語；若依台宗四不可說之例釋之，又近乎顢頇佛性，儱侗真如。鐙等旁考深思，終未得靈峰之意，儻先生憫鐙等日罥疑網，揮智刃以斷之，則鐙等之所深願，而不敢期矣！

接讀手函，得悉二君向道情殷，殊深欽佩。靈峰之言，就生滅門說，其義出於三藏教典，非臆說也。經中所言，佛界不增、生界不減等義，就真如門說，蓋實際理地，無佛可成，無生可度，而言有增減者，皆眾生心中虛妄計度也。賢首云：「非有滅度，令有終盡，非無終盡，有不滅度。」一台宗四不可說之例，深契教義，不可疑為顢頇儱侗，此是甚深道理，非法身大士不能說也。蓋釋氏書中，時而說有，時而說無，時而說權，時而說實。初學之時最難融會，及至用力既久，豁然貫通，則語語印心，毫無疑義，豈非大快事哉！「大乘起信論」一卷，為學佛之綱宗，先將正文讀誦純熟，再將義記、別記，悉心研究，於出世之道，思過半矣。鄙人年老手顫，復書甚難，若能於年假時，到敝處面談，亦出世法中之勝緣也。

與李質卿書

江程千里，一葦可杭，弘經三十載，消息未通。小兒從公貴治，始得法流相接，因緣會合，遲速有時，瞻望楚雲，曷勝神往。頃接手函，過承獎譽，臨風展誦，感愧殊深。貴處同志集款請經，以為公共清修之所，此等勝舉，非夙具超世善根，何能興辦？三界輪迴中，肯信出世妙法，是為難中之難。弟學佛以來，將近四十載，苦心孤詣流通經典，為煩惱海中設一慈航，普度含靈。無如信之者寡，縱有信心，能虛心用功，經久不退者，更屬寥寥。今知貴處信士眾多，同心嚮道，不禁歡喜踊躍，讚歎不置。將來研究內典，深入佛海，各抒所見以慰鄙懷，則幸甚矣！奉贈「起信論」正文十本，請分贈同志。學道之初，首先熟讀，再閱註解，通達此論，則一切經典易於入門矣！

與郭月樓（道直）書

接奉手函，敬悉一是。細閱經本，未能深信，請為長者陳之。俗間所傳高王觀音經，古人已辯其偽，謂高齊時誦觀音經而脫苦者，應是普門品，後人求觀音經而不可得，因偽撰一本以實之，而文理全不類經意也。今來西域經冊，全是梵語，八字成句，係梵本中之偈頌，不知番僧何所據而指為高王觀音經也？且譯經之例，惟咒語不翻文義，其餘長行偈頌，均須翻作中國語言，使人通曉，今一律照梵音書之，亦不合傳經之法。是以未便承刻。敝處創辦之始，公議條例；凡有疑偽者不刻，文義淺俗者不刻，乩壇之書不刻。謹將原冊奉還，方命之愆，伏祈原宥。

與廖迪心（世藏）書

頃接來信，得悉種種。前與李提摩太所譯「大乘起信論」英文，函詢數次，未曾刷印。足下為塵勞所擾，不能專修，蓋由前生不求生西，遂致投胎轉世無自主之權。惟有頂禮觀世音菩薩，求哀懺悔，持誦大悲神咒，消除宿障，自能稍遂本願。此時學佛法不能求證道，若求證道，反遭魔障。但須專念彌陀，求生淨土，捨報之後，不受輪迴。若欲斷絕世務方能學佛，則舉世之人，得出輪迴者尠矣。

我於二十六歲學佛，二十七歲喪父，擔任家務十餘口衣食之資，全仗辦公而得。日日辦公，日日學佛，未嘗懈退。至五十三歲，始能專求出世之道。然不能求現證，只在弘法利生上用心，以為往生淨土資糧，此是超出三界之捷徑也。若心欲參禪悟道，心如止水，亦不能免於轉世。足下偶得玄解，皆是宿習發現，證知前□學禪，不求淨土，以致轉世之後，□□自由也。

函中所云，收效於數十年之後，非也！一日念佛，一日往生；日日念佛，日日往生。無論何時，命根一斷，即生淨土矣！何須數十年之後耶？邇來艱於運筆，遠方來函，皆不作答，併以附聞。

與某君書

鄙人初學佛法，私淑蓮池、憨山，推而上之，宗賢首、清涼，再溯其源，則宗馬鳴、龍樹。此二菩薩，釋迦遺教中之大導師也，西天東土，教律禪淨，莫不宗之，遵其軌則教授學徒，決不誤人。

近年自遠方來就學於敝處者，頗不乏人，住時長短，各聽其便。有九江桂姓者，相依最久，用心懇切，將來造詣，未可量也。貴處如有願就學者，無論僧俗，均可前來。但須聰穎之姿，若稟性魯鈍者，不能受益。鄙人所期於後學者，將來可作人天師表，開闡如來正教，不入歧途，不落權小，則末法衰頹之象，或可振興乎？

與陳棲蓮（汝湜）書

一

經云：「無我相，無人相」，君之煩惱，人我相害之也。又云：「度盡眾生，離眾生相」。雖名為妻，祇是法界中一眾生耳，教妻如教外人，則毫無障礙矣！行菩薩道者，與世俗心路迥然不同，所以慈悲喜捨，人莫能測。願君超脫俗情，勿以凡夫自居，則回翔自在，何礙之有？日本有冠註「八宗綱要」頗詳，可以購閱。

二

昨晚接來信，閱知種種。公衡病重，居士為之護持，正念，亦多生善根，方有此勝緣也。無量壽經云：「至心稱阿彌陀佛十聲，即得往生。」何況平時向道心切，臨終又仗他力，必能往生無疑矣。寄上「唵字」、「大寶樓閣咒」各一張。考經文，以「大寶樓閣」為最宜，若世壽未盡，或轉危為安亦未可知。

代陳栖蓮答黃掇焦書

一

接讀尊示，崇禪宗而輕淨土，大凡學佛者往往有此見解。仁山長者發心之初，亦復如是，直至用心既久，閱歷較深，始知舊日之非，翻然改悔。蓋淨土法門，非大乘根器，不能領會。故「華嚴經」末，普賢以十大願王導歸極樂，為五十三參之極致也！至於「觀經」，在淨土經典中，尤為超妙。從凡夫地修至第九觀，即蒙佛授記，已入初住位矣！若禪宗在唐時出現諸大宗師，皆是菩薩應身，非淺機所能企及。近代自命大徹大悟為人天師者，命終之後，難免隔陰之迷，隨業流轉，較之往生淨土，直登不退者，相去奚啻霄壤哉！初學課本內三十頁之前半，及四十二頁之後半，詳論此義，祈閱之。

二

道家之陽神，乃佛經之業識也，所證果位在欲界以下，必須超出三界，永脫輪迴，方稱大丈夫事業。若論三教，儒道之高者，始能與佛理相通，皆是菩薩影現，行權方便耳。至於呂祖全集，無意求觀，恐妨閱經功課也。金剛五十三家註，仁老言其駁雜，勸人勿閱。十六觀經法，與禪定迥不相同，蓋觀成得生極樂上品。入正定聚修禪定者，欲入初禪，已屬難之又難，況歷二三四禪，以至滅盡定，而得聲聞果？但聞其語矣，未見其人也！

所以閣下二十年之功，尚未脫落根塵，方諸祖師禪，遠之又遠也！以弟愚見，單就淨土一門用功，一生淨土，無法不通，豈非出世大英雄哉！

與日本笠原研壽南條文雄書

弟在滬上與松本上人談次，得悉真宗高士有西游者，秉拂於英。頃至倫敦，晤末松氏。詢知二公退居學地，精習梵文。惜離都稍遠，不獲訪造，瞻仰高風，欽佩靡已。弟潛心淨域，十餘年矣！願持迦文遺教，闡揚於泰西諸國，苦於言語不通，無從啟發。上人在英日久，與此邦人士定多講論，其中有信心不疑者乎？現在所誦梵文，是否三藏教典，今文與古文同異若何？大乘經論，流傳印度者，尚存幾部？上人當能洞悉底蘊，敬懇詳細見示為幸。上人功課之暇，若能將印度字母譜寫出一紙，以英文配其音，以漢文註其法，俾弟亦得稍知崖略，則感荷無涯矣！

弟在倫敦再住十餘日，即赴巴黎。行雲流水，本無定蹤。有時驀地相逢，亦未可知也。

與日本南條文雄書

一

來書：

去月辱惠書，得悉君曾逢松本白華於上海，頃到倫敦，遭末松謙澄，談次，每及弟等之事，遂有此賜，何幸加焉！

方今泰西諸國，學術進步，熟讀梵文三藏教典，從事於譯出者，固不為尠矣！其人之信否，則非弟等之所得知也。現在所誦三藏教典，與彼羅什、玄奘等之原本無異，其中佛經梵文，別存一體，往往有以方言代古語者，是以雖印度學士，甚難讀之。大乘經論，尚流傳印度東北尼波羅者，其數頗多。晚近印度及泰西學士，得其寫本，刊行布世者，已有數部。弟等曾得唐日照所譯「方廣大莊嚴經」之梵文，此其一也。小乘三藏教典，今尚存於錫蘭島。其文則所謂巴引理語者，而非大乘教典之梵文之類也。

印度字母字音表二樣寫以應高諭，若夫詳解，則請讀文法書。唐僧智廣著「悉曇記」，其梵字即尼波羅文字也。而注發音之法，如稍詳者，今別鈔錄以供參考，不知其配音之文字果當乎否？請賜教示。弟等今汲汲於學事，不得趨拜，遺憾何限，唯願他日得相逢罄情緒，不宣。

前接復書，備承指示，並得印度字母新舊二種，慶幸無涯。諧聲之法，濫觴於此，雖未涉其支流，卻已探其本源矣！非二公之賜，何由見之。

舊譯陀羅尼有二合以至四合者，如  音答囉， 音勃籠，皆二合也； 音體哩呬窨、 音紇利伊斯，皆四合也。研其字體，實有二三字相合而成，未知近年仍用此法否？乾隆間所定同文韻簡，首列天竺字母十六字，翻切三十四字，與尊示二種，大致略同。至下文排譜，均以唐古忒字代之，係西藏喇嘛常用文字也。

君所得刊本「大莊嚴經」之梵文，外面當有英文註出經名，及發售之處，請示悉以便覓購。弟縱未諳，亦願備此一體格耳！奉贈小照二幅，以當面謁，尊相如蒙見賜，幸甚！

二

來書：

前此連夜遭遇快聚，頗醫久渴，且見證以玢編奇書，讀閱之餘，大有所得，感謝靡已。弟歸牛津已過一旬，未作一書，對君前夜之高問，太曠友誼，伏乞寬貸。

貴問曰：「梵唄者，音聲轉變之妙也。梁高僧傳有唱誦一科，想見古時聲學之精，今印度梵僧聲學，尚有古法否？」弟聞文法之精密，梵語為最。昔有波儞尼仙，以詩句作聲明論，即梵語文典也。其教語言之用法，與發音之定則，最詳。婆羅門教徒，到今背誦全部，講習不已。有一年少梵僧，今在牛津，即婆羅門教師也，能諳誦此文典，辨音聲之事，併能以上古梵語談論。弟嘗訪其居，聞諸其人。

婆羅門教徒之敏於明記不忘也，不啻文典，如所謂四吠陀書，亦自古諳誦以傳之，不別要用簡冊，此事歐人之所信而不疑者也。後世梵僧，亦往往筆諸於書，晚近到歐人，遂有吠陀及文典，併詩篇等刊行之舉。雖然，梵僧之古風，尚行其間，與二千年前，殆不見其異云。夫聲音以代文字，以傳其教書，則聲學之不可不講也，必矣！婆羅門教徒之於吠陀也，以為章章句句，皆生於婆羅門神之意，是以人類唯得聞而傳之而已，如筆諸於書，則侮神之甚者。故因聲音以保存教旨，一誤聲音則教旨不明，教徒當迷歧路，此所以印度婆羅門教徒之到今講聲學之古法，孜孜不倦也。

我佛陀教之起也，佛滅度後，摩訶迦葉波集五百大阿羅漢於王舍城，編集佛說，阿難陀唱誦脩多羅藏，所謂經也；優波離唱誦毘奈耶藏，所謂律也。於是乎印度始有文書，然其遺書不存於今。後二百餘年，有阿輸迦王，殆領印度全國，乃命臣民所在建多數窣堵波併石柱，且有巖石處，直刻文其上，皆用其方言。唐僧玄奘之時，存者不下十數，見西域記。晚近歐人發見其遺存者數箇，譯以歐文，刻以傳世。其文中述佛教精義，簡而明矣。印度古文書之存於今者，以此阿輸迦王告示文為最古矣！案梵唄以極音聲轉變之妙者，亦印度之古風。而其濫觴，蓋在婆羅門教徒之間。而彌陀教徒因襲用之，高僧傳中遂有唱誦一科歟！

記君前夜問弟以「大乘起信論」梵文之存否？而弟不作其對而止。明之北藏中，有「至元法寶勘同總錄」。其中以梵文之當時存於貴國者，與譯文考較，附以梵文書目。書中舉「大乘廣五蘊論」、「寶行王正論」與「大乘起信論」之二譯，云右四論蕃本闕。蕃本，謂梵本也。由此觀之，則起信論之梵文，唐代以後，如不復傳於世者。

弟讀貴贈之「淨土三經論」。其「無量壽經起信論」中，作者之評趙宋王日休也，當矣！然於其自用曹魏康僧鎧譯文，或得無傚尤者乎，何脫僧鎧之譯文如此其多？雖作者已云：「今略仍舊第，有當合者合之。經中義句，間有繁複，謹參他本，重加參定，但去繁複，不敢更有增易，乃至庶幾盡善盡美，不使後人少留餘憾，讀者詳之。」弟詳讀之餘，聊不得無餘憾也。抑譯文正否之判，固非得原本而比較考定之後，則決非可為之業也。弟嘗評王日休之「大阿彌陀經」云爾，今於此論，亦不得不云爾也。此弟等之所以汲汲欲得原本也。弟今幸得「無量壽經」之梵本，英國有三寫本，佛國有二寫本，皆得而校之，其大旨與康本同。弟之梵本，終始頗簡短，較與趙宋法賢譯本同，如其詳悉，則請俟梵本刊行之日報之。

今有一事，依梵本得判正否？「無量壽經起信論」，古佛出興第五之下，作者云：「寶積本從錠光上溯往世，過五十三佛，方至世自在王，俱用逆數，於此全異。」然他譯本多從順數，未知寶積別有據否？弟案：趙宋法賢亦用逆數，弟恐菩提流志法賢共過矣！或其所用梵本，有異同而然也。然依弟之梵本判之，則寶積經無量壽如來會，與「無量壽莊嚴經」之不得其正可知也，況於後漢、吳、魏之三譯，既已用順數，能與弟之梵本合乎？「觀無量壽佛經」之梵文，弟未聞其存否？唐僧善導曾作「四帖疏」，細釋此經。日本有刻本數種，未知貴國亦有此刻本否？

「阿彌陀經」之梵文，弟曾呈其一本。君前夜要弟以其梵文之譯音，君能解英人所用之羅馬文字之譯音，則弟當作其譯音一本以應命也。君云君曾讀「真宗教旨」，其大旨同是引導眾生於無量壽佛大願海中者也。然弟曾聞廬山之說，間與終南異，終南者，謂善導也。弟已讀「蓮宗寶鑑」，若有他之好書，以可容易解知廬山宗旨者，請幸教示。抑君果屬廬山乎？將別成一家乎？弟未知之也。弟今呈君以「大雲請雨經」梵文鈔本一冊，幸納焉。此經有宇文周、闍那耶舍之二譯，隋那連提耶舍之一譯，不知今尚為貴國人所用乎否？時方炎暑，伏祈自重。

昨接賜函，備承指示，臨風三復，欣慰無涯。承答印度聲學一則，至為精詳，數百年來東土無人知此矣！「大乘起信論」既不能得梵本，將來即據梁譯翻成英文，或亦歐人入道之勝緣也。尊論彭氏「無量壽佛經」，非深研梵本者不能道。彭氏當日見五譯之不同，故有此作。今幸足下求得原本，他日校訂妥協，華梵並書，弟願刊佈東土。

善導尊宿作「觀經四帖疏」，中華未見，當求之貴國；支那所傳者，「妙宗鈔」也。阿彌陀經之梵本，請君以羅馬字譯其音，以華文譯其義，仍梵文原式，作三排橫書，併留空地一排，如蒙作成，弟歸時當登諸梨棗。

弟聞法以來，世業多而學力淺，大乘之機，啟自馬鳴；淨土之緣，因於蓮池。學華嚴則遵循方山；參祖印則景仰高峰，他如明之憨山，亦素所欽佩者也，用力不專而歲月虛度，如來說謂可憐憫者。

盧山之書，未曾多見，嘗聞貴宗說法，專提他力信心普被群機，攝受無遺，與今時傳天主耶穌之教者，外同而內異也。夫生天受樂，未脫輪迴，念佛橫超，永無退墮。此理一明，導歐美而歸諸淨土，易於反掌耳。抑更有請者，提倡宗旨，似不必全遮聖道，蓋一類世智辯聰之流，不向聖道門中體究一番，則不能死心蹋地歸依淨土也。弟近日以念佛往生為正宗，以弘法度生為助緣。既無專師，但求不背經旨而已。

承賜「大雲請雨經」梵文，實深感謝。此經除藏內舊譯外，乾隆年間又有欽定之本，係喇嘛所譯，今時北京喇嘛常用者也。弟返巴黎，未有定期。君到龍動，請至敝館會。陳左二君則知弟行蹤。大駕到巴黎時，弟定在巴黎，可作數日談。盼甚盼甚！尊處如有玄奘法師「西域記」之華文，望帶至巴黎，以便查考印度古蹟也。（謹案：先生於華嚴啟自方山，後乃專宗賢首、清涼。此書尚係在英倫時作，故有遵循方山一語。編者識。）

復書：

分手以後，倏忽五旬。宿諾不似仲由之勇，慚愧！慚愧！貴囑「阿彌陀經」梵漢羅馬文字合璧，昨晚纔得閒暇，草草卒業，茲將稿本寄上。梵字上所附漢字直譯，與彼隋達摩笈多譯「金剛能斷般若波羅密經」一般，唯譯一二梵語而已。如其義譯，譯家兩巨擘鳩摩羅什、玄奘已擅其美，今復何言？童壽所譯「阿彌陀經」，最與今之梵文合。

要之，梵語文法，固與拉丁、希臘獨逸語等文法一樣：名詞、動詞、代名詞、形容詞，皆依語尾變化，轉其義義。其中梵語名詞、代名詞、形容詞，各有男女中三性之別，每性各有單兩複三數之別，而每數各有八格。曰：體主、目的、器械、附與、奪去、物主、居處、稱呼，是為體、業、具、為、從、屬、於、呼之八轉聲。玄奘門下慈恩大師窺基「唯識樞要」中，三性各舉一例，略示其梗概。（基師所謂蘇漫多聲，底彥多聲者，謂梵語名詞、動詞也。）名詞中又有六種混合法，是為六離合釋。所謂依主、持業、有財、相違、帶數、鄰近是也，窺基「義林章」第一「總料簡章」，有其略解。

梵語之動詞，大分為三體。他動、自動、受動。每體有現在第一、第二、第三，過去第一、第二，未來之時別，及願望、命令等之諸法。此時式法，各有單兩複之三數，而每數各有第一、第二、第三之三人稱，其差別一依語尾變化，時有加一字於語首者而已，此梵語文典中之大觀也。「慈恩傳」中舉他動、自動二體，現在法之一例，惜哉！其解未甚詳悉。梵語變化，既已如此，而今汎然以無變化漢字充之，則失其原語之真者，固不足怪也。況於文章中，文字言語位置排列，大異其體乎？宜矣哉！

蕅益大師智旭「閱藏知津」中，評達摩笈多所譯「金剛經」，以為文拙甚。然此非其文實拙，唯由其原文文法之異，旭師不知其為直譯，是以有此評也。今試舉一例以述之。漢譯佛經卷首，初明眾成就中，往往有「與大比丘眾千二百五十人俱」之十二字。達摩笈多譯其梵曰：「大比丘眾共半三十比丘百。」此與梵文語合。而第二之比丘，漢譯常轉為人，此直譯中，其尤奇者，為「半三十百」之四字。如準此四字次第，以半三十為十五，則有或解為千五百之數者，亦未可知也。然童壽、覺希、真諦、玄奘、義淨，皆同於其金剛經譯文，舉千二百五十之數，然則笈多獨為有梵文異本乎？曰：否，不然。今案：梵文所謂眾成就之一段，其語皆依第三轉具聲，與「大比丘眾千二百五十人俱」十二字之原文，中有四箇第三轉語，與一箇之不轉語。曰：महता भिक्षुसंघेन 嘛哈答阿拔哈伊蟎烏薩迎噶哈厄納，是為二箇之單數具聲。第一語乃形容詞，譯為「與大」；第二語乃依主得名名詞，譯為「與比丘眾」，漢譯中常除第二之「與」字，與前形容詞合，於是乎「與大比丘眾」之五字成矣！笈多併略兩箇與字。曰：सार्धं 薩阿呼達哈模，此是不轉語，而常立第三具轉名詞前，而與之合者，譯為「與俱」，漢譯中亦除此「與」字；故第十二「俱」字成矣！笈多譯為共，曰： 阿呼達哈得喇衣鄂達沙拔哈伊呼，拔哈伊蝸烏沙得厄厄斯。是為二箇之複數具聲。第一語乃帶數得名名詞，而形容第二語中所示比丘之數，譯為「與半十三」，漢譯略「與」字如前，而笈多之譯十三為「半三十」者，固非無其理也。

抑梵語數目，十一以上到九十九，各目各一語，則固與漢語之二字或三字列次者不同。但其同一語中，含有二數目之語基而已，而其語中小數語基，常在滿數語基之前，故十一為  厄嘎[一]達沙[十]。十二為  德斡阿[二]達沙[十]，十三為 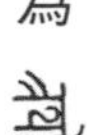 得喇衣鄂[三]達沙[十]。十三以上到十九之數目，英語亦同其軌，而梵語二十為 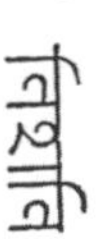 無伊昂  沙得伊 ，三十為  得呼伊昂  沙得 。英語亦同其次第。梵文十三之數目成語次第如此，是以笈多雖隨其語基之位置，敢與漢譯次第反譯為三十，而固非指滿語之三十也明矣！今之梵文十三數目前，冠小語阿呼達哈譯為半者，然則半十三之數，非是六半乎？曰：此亦不然。此半十三之語，非獨立語，固屬次語者，於是乎讀者不可不詳解第二語也，第二語  亦帶數得名，名詞也，譯為與百比丘，漢譯略與如前，笈多亦遂語基位置，譯為比丘百。此比丘漢譯常為人，如前所述，於是乎第十一人字成矣。今

所餘有半十三百之四字，以不可不得第六以下千二百五十之五也，如何而就半十三百可得此數乎？無他，十三百是千三百也。今有半字以標半百之減數，千三百中減殺五十，於是乎千二百五十之數成矣！

右唯舉一語以證梵漢二語之所以大異其撰也。記本年夏月在倫敦，與君及陳左二君快聚聯吟之夕，偶話及此「半三十百」之梵語，弟時作略解，博得三君之一粲，其景況歷然在目，今也離居三處，不知何日尋快聚之盟，重證此事，回顧愴然，今舉舊題作之細釋，再瀆電覽。

三

七月初五日，由貴邦岸田君轉致尊函，展閱之餘，如親雅範。併悉前賜一書，由松江君轉遞，仍未達到。滄溟遠隔，未能覿面傾談，良可慨也。大駕東歸時，曾游歷印度否？竊願聞之。

承寄梵文「般若心經」及「尊勝陀羅尼」合本，不啻百朋之錫。出以示同志諸友，無不歡喜踊躍，歎為希有也。從前承寄書冊，誤於郵者之手，未得寓目，深以為歉。敝友沈君仲禮閱英文新報，見足下在牛津闡揚梵學一段，併及弟名，惟愧募刻藏經至今尚未完成，無以仰副同學之望耳！

印度僧來游之說，未有所聞。弟前言遣幼童學習梵文者，在第三、第四二子也。不意回國時，二子已逝，此時頗難其人，當以俟諸異日。所需「五百羅漢尊號」一卷，惟金山龍藏內有之，遲日託人鈔出，再行奉寄。大清新譯「般若心經」，弟未聞有此本，若至北京再當詢之。

頃在舊書店內，覓得「同文韻統」一部，計二本，特以奉贈，祈鑒收。茲有懇者，尊著「華梵字典」，及梵文「無量壽經」，乞各惠一本，不勝翹盼之至。

四

舊歲十一月十八日，接到九月初一日手書。以信面所寫英文，上海無處可投，輾轉於長江各口，然後遞至金陵機器局。適敝友沈君仲禮見之，始得達到。展讀之餘，備悉查考法華梵文，欣慰之至。

承問北京天台五臺三處梵文，非弟親至其境，莫能詳悉。十二月初間，陳君松生起程，弟送之上海。請其晤君時，將致信上海之英文，寫存尊處。或晤時適忘之耶？

今年九月十三日，接到七月初五日手書，係由義夫白君處轉來。始知今年二月承寄「聖教目錄」一部，六月承寄「無量壽經」「阿彌陀經」梵文合本一部，均未達到，未知沉浮何所矣！詳君尚留牛津，寫「金光明」、「入楞伽」等經，馬博士將譯「無量壽」英文，淨土一宗，定能傳之歐洲，皆上人之力也。

笠原君養病於東京，不勝繫念。河田、竹村、末松諸君均無恙，稍慰鄙懷。知君歸期在來年，把晤非遙，曷勝盼望。但弟行踪無定，一年之中必游歷一二次，或數月而後返。君到上海，請先賜一信，弟在金陵，便當遣一使奉迎，與君盤桓於蔣山淮水間，作數日暢談，亦勝會也。若弟他往，則敝寓無人接待，恐復函亦致疏略矣。

敝友沈君名善登，字穀成，浙省太史公也，居上海，問中國電報局便知。此君尊崇淨土，近聞大駕將歸，開梵學於東瀛，亦願遣少年俊士從學，君到上海，可一訪之。

五

華歷七月間，岸田君寄到手函，如親雅範。承賜梵文「般若心經」及「尊勝陀羅尼」

一冊，歡喜無量。曾泐蕪函，併奉贈「同文韻統」一部，交岸田君轉致尊處，想已達到。後接松江君寄到尊函二件，備承詳示，不啻覿面傾談。並梵文「無量壽經」及「小彌陀經」一冊，「令知會雜誌」一本。展閱之餘，欣慰彌深，方知大駕回國，係越美洲而來，印度之遊尚未如願。

弟現承劉星使之召，又當從事英倫，他日儻有機會，得隨杖履遊歷五天，瞻禮如來應化遺跡，是所深願也。出洋之期，約在兩月以後。俟到倫敦，再當泐函奉報。所需「五百羅漢尊號」一卷，已請寶華山主藏僧鈔出，寄呈台端，祈查收。如蒙賜緘，仍請寄由松江、岸田二君轉達敝處，不致有誤。

六

兩月前接岸田君寄到手函，併惠贈梵文「無量壽阿彌陀經」合本、英譯「明藏目錄」、翻刻「造像量度經」、「阿彌陀經音義」兩譯、「牛津圖書館目錄」共七本，拜領之餘，良深感謝。頃到滬上，接松江君交來手書，併梵文「法集名數經」一本，歡喜無量。

上人教授梵文，孜孜訓誨，造就人才，未可限量。東方佛經，華梵並行，實自上人始也。英倫既翻佛經四本，又刊明藏目錄，大教西行，上人與笠原君可同摩騰、竺法蘭並稱矣！弟五日後即當隨使節出洋，到英之日，再行奉報。尊函所述諸君，見時代致盛意。

七

五年前接到賜函，併書籍數種。自是以來，未通音問，伏維上人少病少惱，起居輕利，不勝遙頌。弟於前時隨同劉星使前赴歐洲，住倫敦三年，去歲夏間回國，仍經理刻經事，十餘年後，當可完成。

近日在北京覓得「梵文字母譜」一卷、「身心語」一部，均係番經式樣，茲因舍親蘇少坡赴貴國之便，特以奉贈。「身心語」卷中未知是經是咒，便中略示教言為何。貴處梵學生徒，想見造詣精深，奘師而後，於茲為盛。

唐以前佚書，貴國間有存者，弟欲覓晉時支道林、竺道生著述，另開於後，如可覓得，祈代購數種。儻寺內尊藏之本，不能購買，可屬蘇君鈔稿寄回，不勝盼禱。

八

來書：

日前貴親蘇君來過敝處，因接到賜函，並梵文「身心語卷」一冊，欣喜靡矣。伏維道履無恙，再赴歐洲居倫敦三年，而今已歸來，仍經理刻經事務，期其完成，不堪欣賀。弟去歲以後，在東京教授梵英二文學，又演說佛教，頗得同人。

今案貴贈「梵文身字」一卷，「佛說佛母寶德藏般若波羅密經」之原本也，此經趙宋法賢所譯，在明藏臨字函「語字」一卷，題曰：「聖文殊師利說」，未見其漢譯；「心字」一卷，「普賢行願讚」之原本也。此讚唐不空所譯，在明藏唱字函。

弟往年在英國，借覽「金剛經」及「行願讚」之梵文於露西亞國聖彼得堡府大學，其式樣實與貴贈同，故望蜀之念勃起，不可抑也。貴處復得「金剛經」及他經梵文，則請使弟閱之。

貴囑支道林、竺道生著述，弟未見聞其現存，故無由鈔出之。別單所記「陀羅尼」等諸書，亦未保其盡存日本與否？弟今日郵致書目於西京經書局，命轉送書籍。到之日，當交蘇君轉寄貴處。另開於後之外，恐未易覓得也。

頃由蘇君寄到尊函，展讀之餘，如親道範。欣悉貴體無恙，傳授梵英二學，弘揚佛教，為後進津梁，殊深欽佩。

承示「身語心」三卷大意，如暗遇燈，歡喜無量，他年若到北方，當再求覓，如有所得，即當寄呈台端。喇嘛所誦之經，均係西藏唐古忒文字，非梵文也。箋末所開經書十八種，渴望之至，惟「淨土論大意」係日本文，弟不能讀，其餘十七種，均求代購，其價由蘇君奉上。此外如有古時支那人撰述各種，為明藏所無者，無論敝單已開未開，均祈代為尋覓。支道林、竺道生論著，甚為難得，貴國存儲古書之所，若有陸澄所集法論，則其中當得幾種也。滄溟遠隔，聚晤何時，每望朝暾，伊人宛在。

九

未通音問者，將及兩年矣！風恬浪靜，一葦可航，法事有緣，仍欲相訪也。頃擬籌措游資，親赴貴國參謁高賢，行期約在一月之後，未知彼時閣下仍住東京否？儻在巡教之期，台駕他往，則弟到時無東道主人可托，一切求覓內典之事，茫無頭緒，未免望洋而歎也。

弟併擬赴西京，及各處名藍收藏古本章疏之處，次第尋覓。未識貴國常例，准支那人隨意游歷否？均祈詳細示知，以定行止。弟擬攜次兒同行，因其略知英語，雖不敷用，聊勝於無也。或到橫濱雇一通事偕行，例但恐價昂，無此巨款耳。

十

未通音問者兩年餘矣！秋水伊人，時深葭溯，伏維道履增綏，至以為頌。弟比年來每思度海而東，與諸上人暢談衷曲，兼可求覓未得之典。弟以身體衰弱，艱於步履，又無傳語之人得以偕行，因而中止。貴國寄來之書，現已刊出幾種，寄呈台覽，兼贈知交，用伸法供。

再求代購釋典，另單開列隨得幾種，請由上海本願寺松林上人處，轉寄南京花牌樓池州楊公館，定能達到。所有購書價值，及寄費等款，均乞暫為墊付，賜信示悉，即當匯寄歸還。紙短情長，不盡欲言。

求代購章疏開列於後

「法華五百問論」三卷湛然、「略止觀」六卷梁肅世稱刪定止觀、「禪門要略」一卷智者、

「隨自意三昧」一卷臺山、「金剛般若疏」二卷基、「般若心經疏」一卷靖邁、「對法論鈔」七卷基、「華嚴雜章門」一卷法藏、「三聖圓融觀」一卷澄觀、「心要」一卷澄觀、「五蘊觀」一卷澄觀、「金剛般若略疏」一卷智儼、「註金剛般若」一卷僧肇、「龍女成佛義」一卷源清，以上十四種，照諸宗章疏錄內有硃圈者錄出。

「金七十論校注」三卷、「起信論校注」一卷、「八宗綱要考證」二卷、以上三種，東華和上著述。

「大乘起信論義記」唐法藏、「觀無量壽佛經疏」宋元照，以上二種，已得會本，欲求未經會合之本，看其文勢斷續，另行排定，以備刊板。

「大乘密嚴經疏」三卷唐法藏，弘教書院及東大寺均載此書，求而未得。想他處收藏古書之所，或有存者。祈登載新聞報中求之，如得寫本完全者，酬銀五圓；刻本完全者，酬銀十圓。緣此書期望甚殷，故不惜重價以購之也。

十一

舊歲接奉覆函，展誦之餘，欣慰無既。後由蘇君寄到閣下代購書籍，歡喜踊躍，非可言喻。古時著述，流傳鄰境者，一旦復歸本土，因緣時節，非偶然也。

弟求法之心，無有饜足。茲續開單寄呈台端，祈屬書肆覓購，不勝盼禱之至。唐法藏所撰「楞伽經疏」七卷，懸想甚殷，貴國既有玄義，古時當已並傳，請向收藏古本之處求之，或購或寫均可。

上年蘇君函述貴處地震成災，實堪憫惻。邇來支那境內，水旱蝗蝻，時形荒歉，皆係眾生業力所感，減劫時分，倍覺難堪，非淨土橫超一門，何能出此火宅耶？上人自行化他，躋眾生於極樂之域，所謂如來使者非乎？

弟屢興東游之志，為世緣所阻，不克如願。何日得與諸上善人同會一處，暢聆雅教也。炎威頓減，秋色宜人，諸維珍攝，不盡欲言。

十二

日前接讀手書，併經籍十一種，曾作復函，附贈新刻內典十部，計四十四本，托上海本願寺轉寄東京，想已達到。辰維起居佳勝，至以為頌。今寄上匯票日本金二十圓，以備寫經、購經之用，祈鑒收。

「法藏密嚴疏」，查弘教書院目錄，原載四卷，想貴國當有完全之本可覓也，弟願出重價求之，以成完璧。再窺基有「密嚴經述讚」三卷，亦求代為覓購，或借本謄寫，總以得見為幸。前年所得智者大師之「禪門章」內缺百三、百四、百五三頁，如能寫補最妙。瀆費清神，心感不盡。

十三

半月前晤蘇君于滬上，得接尊賜二緘，併惠書二十九本，赤松君惠書十四本，島田君惠書十四本，均已拜領，感謝無極。晤二君時祈代申謝悃。奉詢各款，條列於後。

一、錫蘭人達摩波羅，欲興隆佛教而至上海，云在貴國耽住多日，想已深談教中旨趣。其意欲請東方人至印度宣傳佛教，未知貴國有願去者否？以鄙意揆之，非閣下不能當此任也。

二、英人李提摩太在上海約弟同譯「大乘起信論」。李君寫出英文，刊佈歐洲。應用華梵英合璧字典，李君有一本，係前時西人在香港印行者。近年若有新出之書，較前加詳，祈開示英字名目，以便購用。（謹案李提摩太所譯「起信論」，頗有援佛入耶之嫌。

曾有人親問先生，先生云：「當時李君約同譯『起信論』，李君請為講釋甚明，李君亦自言已解，乃至執筆時，仍以私見穿鑿。故此後有西人請同譯『楞嚴』等經，皆堅辭謝絕。」此事之因緣如是，謹識於此，以釋後人之疑。編者識。）

三、英國牛津及歐洲各國所譯佛經，共有幾種？乞示悉。

四、展讀航西詩稿，讚賞不置。拙作列於卷首，實為榮幸。四疊亞兒碧行之韻，鄙人亦在懷友列中，此情直與太平海水而無極矣！「印度紀行」、「登台詩譜」二書，甚願見之。「台山梵筴」，是何經文？便中示悉為盼。

五、承賜尊照，三復來書，不啻覿面晤談。小影俟天暖新照一紙，再當寄呈。

六、「華嚴搜玄記」，來書九本，每卷皆分本末二冊，惟第四卷有末而無本，實缺一冊，望詢問書肆中，有完全者，再購一部。

七、照來信寄上「妙玄節要」二本、「選佛譜」二本、「西方公據」一本、「往生論註」一本，奉贈赤松君祈轉致之。又「起信裂網疏」二本、「翻譯名義集」六本、「西方公據」一本、「往生論註」一本，奉贈閣下，祈鑒收。

八、「俱舍論」三十卷，貴國書肆如有善本，望代購一部。

九、蘇君瀬行時，曾將書籍信函往來之事，托諸中華使館劉君子楨及吳君靜軒，已承允許。日後有應付錢款，均由二君經手也。

十、尊處寄信函書籍，外面請寫明寄南京花牌樓池州楊公館字樣，由上海轉寄時，方不至舛誤。紙短情長，不盡欲言。

十四

前接二月五日手函，併承贈經籍九冊，後又接三月二十六日賜緘，並承贈經籍八十一冊，均已拜領，感謝無極。時因奔走他方，久稽未復，中懷歉然，然思慕之忱，無日不神馳左右也。今將各款條復於左：

一、承寫贈「大典六如書目」一冊，併狀文，足見弘法利生，今古同心。百年前未償之願，一旦成之，想亦二公願力加持也。

二、承贈「華嚴行願品疏鈔」一部，本朝龍藏雖已收入，外間流行之本竟未遇見，今得此部，正合他日寫刻之用。「梵語千字文」，支那未聞其名，實足新人耳目也。「瑜伽論纂要」，承代寫補，可成完璧。其餘各種均屬難得之本，慶幸無極。

三、赤松島田二君，見贈各種內典，祈代為致謝。赤松君許贈「華嚴搜玄記」及「勝鬘經述記」寫本、「金剛經述讚」寫本，不禁引領望之。

四、赤松君欲得「法海觀瀾」，二十年前，曾於亡友處見之。今寄信各處訪問，皆無所得，儻他時遇見，當寫一本奉贈。「論語點睛」闕頁，照寫一紙寄呈。

五、蕅益大師著書，另開一單，分別有無寄呈台覽。

六、島田、赤松二君，欲刻敝處書目，遵將作者姓名註於題下。惟大藏經內所有者，概不贅名。至於新刻之書，隨時增添，未能預定。

七、赤松君欲得之書併圖像，及島田君所需二部，如數奉贈，祈轉交為荷。閣下欲得敝處刻本，謹擇貴國所罕有者，奉贈四十二部，列於另單，祈鑒收。此外如有尊意所需者，請開示名目，以便續寄。

八、島田君所贈「大唐內典錄」一部，具見德川氏弘法之盛。弟等倡募刻經，亦後先一轍也。但遲速懸殊，實深慚愧耳！天時炎暑，伏維珍攝，紙短情長，不盡萬一。

十五

頃接手函，如親道範，回環展誦，欣慰無涯。弟近年來漸形衰老，眼昏手顫，艱於作書，而代筆者又無其人，以故遠方來函，往往不能作答，實出於無可如何耳。謹將奉報之言，條列於後：

一、貴國藏經書院欲購敝處內典，須函託僑寓南京之日本人代辦，所有郵寄事件，均由貴國代辦人一手經理，方能穩妥。因敝處管事者僅一人，庸碌無能，除本處售書外，無承辦他事之才力也。

二、藏經書院欲刊續藏，實為極大法緣。半載以前，接到「大藏經報」第二十四號，係續藏目錄一冊，鄙意稍有參議。須另得一冊，以硃筆標記，寄呈台端，以備採擇。支那同志收藏內典者，遇有可入續藏之本，亦能代借，但用過即須寄還耳。

三、續藏開刷之先，弟擬圈出數十種，商請多刷一部，以散頁寄南京，計頁數償價，此事能允與否？恭候賜答，悤悤不盡欲言。

十六

接六月十六日手函，讀悉種種。今歲敝邦酷暑異常，衰老之軀，不能作事，惟有揮汗消夏而已。茲將所應復者，條陳於後。

一、續藏經目錄內袾筆標記之處，逐細查閱，第三四三「慧能金剛解」敝處有刻本，郵寄尊處，以備印造。但此本前代高僧疑其為贗作，敝處故未刊板。

二、第四二四「法華擊節」一卷，在「憨山夢遊集」中，敝處流通書籍內有之。

三、第二一一「華嚴合論簡要」，已覓得一部呈閱，內缺一頁，已補足矣！

四、第一二一七「禪燈世譜」四卷，未見。敝處覓得「佛祖宗派世譜」八卷，大約與禪燈相同，呈備採擇。

五、第八九七「徹悟禪師語錄」，是乾隆年間所作。弘揚淨土之書，非禪宗也。敝處有刻本呈閱。

六、第一二六八「法藏司南」四十一卷，既係寂曉所作，卷數與義門同，恐即義門之別名。他日當向揚州萬壽寺借「義門全書」寄上，但收藏家甚為珍惜，不易得也。

七、第九一一「指月錄」原本三十二卷，其末後兩卷即是「大慧語要」，非兩種書也。

八、第五二三「釋摩訶衍論疏」有三種寫本，批為偽疑書，若將原本寄至敝處一閱，是否偽作，當能辨之。閱畢，即當寄還，以定去取。

十七

前接九月二十六日賜函，久羈未復。又接十一月十七日手書，今併答之於下：

一、接得書院寄來「金剛直解」寫本一冊、舊刻本二冊，支那刻本一冊。逐細對閱，寫本略而刻本詳，疑其略本作於前，後人增補其文而為詳本，二者皆贗作。考古人記載，併無六祖作金剛解之說也。今將四冊寄還書院。

二、藏經書院寄到新刷「華嚴行願品疏」二部，歡喜頂受。祈轉告書院，代申謝悃。宋時已有刻本，七百年間無人得見，同志諸君謀會刊之舉，他日完成，再當奉贈。

三、藏經書院寄還「佛祖宗派世譜」二本、「華嚴合論簡要」二本，併新刷二本，均已登收。

四、書院來日本金幣二十圓，欲購之書，除敝處本有之外，轉購諸揚州流通處。彼處現已增價，照新單核算，經籍已作小包五箇、圖卷一箇，徑寄藏經書院矣！

五、「樂邦文類」一書，貴邦刊本，弟未得見，無從評定。

六、「唯識開蒙」以下十六部，俟數日後向各處取來，交郵便局寄至尊處。閱後轉達藏經書院。

七、「大明釋教彙目義門全書」，已託人向揚州萬壽寺商借再寄。

八、敝處新刻憨山大師「觀楞伽記」寄呈三部。一贈台覽，一贈真宗大學校，一贈藏經書院，祈分致為荷。

九、大藏經報第四十七號二十部，已分送借書各家，皆大歡喜。

十、編書者之姓氏，實難查考。一松大師疑是明朝人，然不能指定也。

十八

接三月二十日手函，領悉種種。茲將應復之事，條列於後：

一、書目中未得者，無從覓購。只有戒律二部，照墨圈寄上。

二、貴國僑寓南京之人，現無相識者。緣弟有足疾，外交全疏也。

三、敝邦藏書之家，求覓數處，得二十餘種。先將目錄開呈台鑒，擬將「經律論註疏」先行借來，寄至尊處，以備刷印。俟刷印後，將原書寄還，再將他種續寄。緣收藏之家甚為寶貴，不輕出借也。

四、借書之友欲有所求，願得續藏經目錄內第一九七「貞元新譯華嚴經疏」十卷，唐澄觀述：又第二一四「圓覺經大疏鈔」二十六卷，唐宗密述。此二種請藏經書院刷印時多刷一部，以酬借書之美意。能否應允，由藏經書院主之。

五、續藏目錄內第一二六一「大明釋教彙門標目」四卷，東吳寂曉撰，此書除標目之外，另有目錄四卷，義門四十一卷，弟在揚州見此全部，他處全無。今見目錄內第一二六八「法藏司南」四十一卷，疑即義門之別名也。義門第一卷第一頁第八行右「清涼敘曰」等文，至四十一卷末十五頁八行右「數集並義如名題」止，若書院所得之本與此相同，即是義門。若不相同，擬向友人處借「義門全書」，以備書院刷印之用也。

六、目錄內第三八三「無垢子註解心經」一卷，係外道所作，宜撤去。

十九

頃接惠函，藉悉起居佳勝。承代購經籍十部，圖二幅，欣喜之至。前月由蘇君寄到經籍七十四部，內有町田君見贈景祐「天竺字源」三冊，乞代為致謝。讀大著序文，感佩何極！天竺梵文有古今之殊，以鄙意揆之，貴國所傳之古體，如三代以上蝌蚪之類；明藏及近時喇嘛所傳者，如篆隸之類；現在所行之梵文，如行草之類。質諸高明，以為何如？

比年以來，承代購經籍千有餘冊，上自梁隋，以至唐宋，併貴國著述，羅列滿架，誠千載一時也。非閣下及東海君大力經營，何能裒集法寶如此之宏廣耶？前明刻書本藏經，正藏之外有續藏三千餘卷，其板燬於兵燹矣！此次弟等募刻藏經，擬將貴國傳來之本，擇其精要，刊入續藏，以為永遠流傳之計。區區鄙懷，未知能否如願，全仗護法天龍神力默佑也。

「探玄記」已得全本，慶喜無量。其「彌陀義記」等四部，承代借原本，寄至敝處鈔寫，尤為感荷。寫成後，原璧歸趙，不至遺失。敝單內未得之書，且作緩圖，偶有所得，隨時代購，法緣隱顯，非思議所能及也。時序遷流，寒威增劇，伏維珍攝，不盡欲言。

復書：

接惠信，悉道體無恙，前代購經籍，已達貴處，大慰敝懷。弟當致貴意於町田君。

抑梵文字體，固有古今之殊，尊說論得頗好。然地方之異，亦如大有所關繫者。日本所傳之古體，即一千年前唐之日本僧弘法大師、慈覺大師等之所將來，而唐智廣「悉曇字記」實用此體，是為支那梵字也；明藏及近時喇嘛所傳者，即西藏梵字也；現在所行之梵字，即印度梵字也。

英人維廉斯氏，曾附其「梵語文典」以「古今梵字沿革表」，表中列十餘種之異體而不載，所謂支那、西藏梵字，蓋未及見也。日本所傳之古體，稍與現在尼波羅國所行之梵字相似。敢附記鄙說，以備參考。

二十

陽曆五月十六日寄上一函，併舊本經籍五包，想已達到。茲接「大藏經報」第四十三號內第八頁下層載有「華嚴綱要」德清提挈之本，計二十四冊、「華嚴合論簡要」李卓吾述之本，計二冊，均在敝友處覓得善本。藏經書院若需此本印入續藏經，弟可代借。

但敝友所要求者有三種：即在續藏經目錄內第五二三「釋摩訶衍論疏」二卷，隋慧遠述；第五二四同二卷，唐法敏述；第五二七同通贊疏十卷，守臻述。以上三種，如能允許在刷印時多刷一部以酬借書之美意，弟即當向友人處取此「綱要」、「簡要」二書，共二十六冊，郵寄尊處轉交藏經書院。俟印入續藏經之後，仍將原書寄回。

二十一

前接陽曆五月十九日賜函，得悉大駕將赴暹羅，迎釋尊遺骨。後有自扶桑來者，知已東歸，又有高麗之行。法緣行至，裨益良多，曷勝欣羨。所迎佛骨，是何勝相？伏乞示悉。前田君欲得之書，已照單購去，惟三大部敝處僅有其二。「玄籤」一種，在杭州昭慶發售。三部均係合本，欲全得者，須分兩處購之。

法藏所作「華嚴三昧觀」，崔致遠作別傳，已用其直心中十心名目。貴國所刻「發菩提心章」，錄十心之文與崔同，併有三十心，而與「法界觀」及他種湊合而成。謹知「華嚴三昧觀」當有全本流傳高麗也，祈請駐韓道友訪之，併能得唐宋高人別種著作，是所深盼。「鳴道集說」，經友人索去，祈代購二本。「釋淨土群疑論」七卷，正擬發刻，原書硃抹太多，寫者易誤，請再購未經塗抹之本為幸。

從前孫君購書之款，餘存九圓有零，請併入弟款，作購書之用。用完之後，示悉續寄。中村醒處君住所，問北方君便知。茲有敝處新刊「雲棲法彙」奉贈一部，計三十四本，祈鑒收。

二十二

客冬北方君到金陵，得接賜函。並承代假「起信義記別行」古本，喜出望外，隨即參校，屬手民謄寫刻本，遲之數月即將原本奉還，併呈新刻之本也。又承惠贈「華嚴策林」寫本，銘感無涯。島田君所問之事，王宇泰「唯識證義」未見其本。頃求得高原所作「唯識俗詮」一部，計五冊，託北方君郵寄尊處，轉致島田君閱後，仍乞寄還為幸。一柳君持尊函造訪，聰穎可嘉，足稱法門偉器，定能光顯師門也。

月前北方君續交手函，並「華嚴遊意」、「五蘊觀」二寫本，展誦之餘，如親雅範。本願寺開設之事，弟實衰老，照料未得周詳。復蒙稱譽，歉仄彌深。前因北方君囑敝處將「七祖聖教」刻全，遂檢閱選擇「本願念佛集」，覺其中違經之語甚多，已略加批評。復將「真宗教旨」詳覽一徧，逐細批評，送與北方君，將來回國時，當呈台覽。弟與閣下交近二十年，於佛教宗趣未嘗講論，今因貴宗將徧傳於地球，深願傳法高賢酌古準今，期與如來教意毫不相違，則淨土真宗普度群生，無量無邊矣！

近代以來，門戶之見牢不可破，支那境內，禪宗一派空腹高心，西來大意幾成畫餅；台教一派尚能講經，惟泥於名相，亦非古法。且諸方名剎，向無學堂造就人才，所以日趨於下也。貴宗既有學寮講肆，又開普通學館，是世出世法兼而習之，人才輩出，何可限量！惟願善學者不為成法所拘，則妙契佛心，允為如來真子矣！

奉贈「憨山解老莊」四冊、新刻「元照彌陀疏」四冊、「安樂集」四冊，祈鑒收。弟久有東遊之志，近因目足均有微疾，憚於遠行。儻台駕惠然西來，暢敘於鍾山淮水間，討論佛教門庭古今得失之故，豈非釋迦遺教中一大事因緣乎？

敝處求而未得之書，尊處已登宗報。儻能得之，或購或寫，總祈代辦，錢款自當續寄。附呈「闡教芻言」一篇，深悉閣下智周四海，學貫古今，想能剖破藩籬，虛心採納，故敢以直言奉獻也。

二十三

來書：

客月北方君自金陵歸日本，得接賜函及「闡教芻言」等，深知為法之高志，欣喜靡已。一柳君屢受教尊處，何幸加焉！今有小粟栖君所草「念佛圓通」，併「陽駁陰資辯」，君實編輯「真宗教旨」，故自任答辯。若猶不滿高意，則請更指摘之，使弟等盡心於此。

舊歲疊接兩函，併書籍數種，欣喜靡已。承示小粟栖君所作二文，徹見貴宗之底蘊，仍不能默然，略加辯論，復呈台覽。既為釋迦遺教弟子，不得不爾也。又接後藤葆真君寄示辯駁之文，弟避繁就簡，稱性而出，作一篇答之，均請尊處轉交為禱。

茲將新刻「梵網戒疏」、「起信義記海東疏」各二部，寄呈台覽。奉還「起信義記」別行原本，計三冊，附贈新刻「義記海東疏」各一部，祈歸之島田君併述謝意。「唯識述記」現已開雕，本年可成。支那學佛者，得貴邦郵來古本，同深欣慶，咸感大德弘通之益，東嚮禮謝於不既也。

中村醒處君施刻資二圓，今刊入義記之內，併海東疏寄呈，請轉交中村君是幸。近聞貴宗同人往高麗佈教者頗多，唐法藏所作「華嚴三昧觀」、「華嚴世界觀」二種，高麗或有存者，乞寄信求之。

二十四

前接賜函，併書三種，歡喜無量，辰維道履增綏為頌。法駕迎佛骨於暹羅，觀軍容於燕都，過朝鮮而覲韓皇，聞母訃而返鄉國，世出世法，曲盡無遺，實令人景仰不既也。感懷詩出於至情，不堪卒讀。

「華嚴三昧章」與「發菩提心章」同，而闕「法界觀」之文，始知二書同出一本，即「華嚴三昧觀」無疑矣！別有「華藏世界觀」，若能得之高麗，幸甚！蕅益大師所作「周易禪解」，貴國有刻本，祈代購一部。茲奉贈「金剛略疏」、「三論玄義」各二本，皆從貴國得來之書。又「唯識心要」一部，計十本，係揚州所刻，用供法喜。傳聞貴國新立東亞佛教會，如已印出章程，祈寄示為荷。

二十五

前接到五月二十七日惠函，得知寄贈書籍均已達到，並承抄補「成佛經疏」，欣喜之至。上海匯款，已寄信時務報館，託其催交，儻仍未收到，祈示悉，以便另寄。茲因友人孫君竹如托購經籍數種，由松林君匯寄金三十圓，作購書及寄費之用。敝寓已於三月前移居，信面祈寫南京延齡巷馬路池州楊公館，便可達到。華地新設郵政局，已與各國相通，信函可逕寄敝寓，免由上海轉折也。惟書籍重大，似須仍由松林君轉達為要。

頃閱明宋濂所作「大般若經通關法」序云：「雪月大師太隱創為通關法，演忠律師省悟重為編定，畫十二圖，用十三法、二十九界八十四科為之，不過一千言，總攝初分一百三卷，無一字或違云……」云因憶三年前，尊示云由內部錄出此書，果與宋濂序文相符。即請屬書手代寫一部，是為至禱。揚州僧觀如刊成「般若綱要」，奉贈二部，祈鑒收。

二十六

接讀十二月九日手書，併詳單，領悉種種。承寄釋典十一部，內有寫本四部，益見弘法情殷，嘉惠支那學人無既，再拜頂受，如獲至寶。此次書籍不取價值，實抱不安，俟刻成即當奉贈，嗣後無論刻本寫本，均求開列價目，以便匯寄。

「密嚴疏」現蒙謄寫，寫完乞郵寄，他日若得初卷則更妙矣！「肇註金剛般若」已承謄寫，欣喜之至。赤松、河田二君，祈代伸謝悃。東西二京，有諸公代購釋典，實為莫大因緣，若遇支那六朝唐宋人著述，敝單內所未開者，均求代購以擴見聞。收藏古本之家，其現存者，除弘教院書目外，別有幾種？請抄目示知，以便求覓。

從前，赤松君欲得「法海觀瀾」，今揚州僧觀如已獲舊本，刻成即當奉贈。敝處新刻「楞嚴經正脈疏」，為註本之最善者，近代已收入大藏，特寄二部，以廣其傳。貴國寄來之「因明大疏」，有比丘松嚴者，愛而刊之，並寄四部。「唯識述記」等，續有人刻，法相一宗，晦而復明，非上人購寄之力，曷克臻此？揚州新刻「大乘止觀」、「蕅益釋要」，附呈四部，分贈同人。時值嚴冬，雪意正濃，梅花欲吐，仙山風景，想在高人奚囊中矣！

二十七

寒暑頻更，未通寸柬，非懶也，實精力有所不逮耳。有自扶桑來者，述閣下教育之廣，通國信服，聞之實深欣慰。弟所作「玄文本論略註」，現已完成，寄呈十冊，就正有道，併請分贈知交，藏經書院已另寄十冊矣！

頃從友人處得見明治二十七年本願寺室內部「印度撮影帖」一冊，於佛教古蹟具備，見者恍如親歷其境也。冊尾載明非賣品，如能求而得之，以生人敬仰之心，則三萬程途，如對目前矣！

敝邦僧家學校，纔見肇端，欲得貴國佛教各宗大小學校種種章程，以備參考，非仗大力，不能多得。此等章程，雖係和文，敝處亦有能譯之者。與學諸僧甚為盼望也。

二十八

疊接賜函，久未作答，抱歉之至。鄙人日就衰老，百事廢弛。三年前刊一箋以謝俗緣，於佛法相關之處則不寄呈，以免消息斷絕也。然事過輒忘，又無精明人代理，祇得聽之而已。

奉贈新刻「楞嚴纂註」、「法華通義」各二部，又「證道歌竺源註」，即是續藏經目錄內標記為未發見之書，今已刻成，奉贈十冊，以俾公諸同好。前承貴友赤松連城君惠我「印度撮影帖」一冊，無以報之，請以「纂註通義」、「證道歌」各一部酬答，以伸謝悃。

貴國續藏經內「大日經義釋演密鈔」十卷，遼覺苑撰。敝處欲得大字刻本以俾合纂經疏之用，祈徧覓書肆，如得此書，祈交郵便局用代金引替之法，送至敝處交易，不勝拜禱之至。

與日本藏經書院書

一

頃接尊處惠寄「貞元華嚴疏」、「圓覺大鈔」各二部，拜領之餘，歡喜無量。同志傳觀，始知南宋時，與「貞元華嚴疏」同刻於江蘇，元明以來，竟無人見；今由貴書院刷印流傳，實釋氏教中之偉烈也。

敝邦新開僧學堂，相繼而起者，已有四處。苦於啟蒙無書，因作「初學課本」、「三字韻語」便於讀誦，併作註解以伸其義。寄呈十冊，聊供瀏覽。儻收入續藏經雜著部內，亦可備一格也。

二

接讀惠函，領悉種種。敬將奉復各件，條列於左：

一、貴院雅意，欲彙拙作以為全集，入續藏中，心感無涯。鄙人著述甚少，已刊成者，有「陰符、道德、沖虛、南華四經發隱」一冊，「佛教初學課本」一冊。正當發刻者，有「大宗地玄文本論略註」一冊，數月後可成。另有「等不等觀雜錄」一冊，稍遲當刊，擬作「釋摩訶衍論集註」一部，「論語發隱」一冊，尚須時日也。貴院若欲翻刻拙作，均可聽許，不論版權。奉贈肖像一紙，係四十三歲在佛京巴黎映出。爾時精力強健，非近年衰老之相也。

二、前番貸送章疏，候續藏印出之日，次第寄還，不求速返，以俾貴院對照之用，免其譌舛耳。

三、「角虎集」缺字已補完，與「楞嚴宗通」同交郵便局寄上，祈鑒收。

四、東吳寂曉所撰「義門」四十一卷，係揚州人所藏，甚為祕惜，俟託人求得，即當寄上。

五、貴院所需「宋祖心集」、「冥樞會要」，均未見過，當留意尋覓。

六、「釋論法敏疏」已奉到，檢閱一通，全無疏文。惟將原本刪去大段本論，以釋論中所提本論，分別排成小段，減損釋論字句甚多。惟發趣道相內增補解行發心、證發心二科，是法敏所作也。核計釋論有十一萬餘字，法敏本只有六萬餘字。謹識其大略如此。

七、前接貴院印版信函，徵續藏經序文，暇時撰成，再當奉寄。

三

前承惠贈三色套印「楞嚴廣解」一部，徧示同人，歡喜讚歎，得未曾有。又承寄還「楞嚴宗通」一部，加以布套，併賜新刷「宗通」二部，拜領謝謝。茲有友人家藏批點套印「維摩經」一部，係明朝吳興閔氏刻本，與套印「楞嚴」同出一處也，寄呈台端，以備維摩疏中增此一格。敝友欲購三色套印「楞嚴廣解」一部，如有單行之本，祈郵寄南京，照代金引換之法交易。

弟所作「大宗地玄文本論略註」，現已刷成，寄呈十部，請分贈同志。將來刷印續藏經至五二九「釋摩訶衍論記」之後，可將「玄文本論略註」編入，以補往時所未有也。南條上人處已另寄十冊矣！

與日本松林孝純書

一

接讀手函，併南條君信緘書籍，感謝之至，辰維起居多福，至以為頌。承示貴院有鉛木板大藏經數部備請，弟但見過鉛板，其木板者，全部若干本？價值幾何？乞函示以便佈告同志諸友，日後如有願請者，令其親到上海面談，俾得流通便捷。

茲有寄南條君信一件、書籍一包，乞代為轉寄為幸。附呈英洋一圓作為寄費，前此墊付寄費，祈示悉，以便奉繳。諸費清神，心感不盡。

二

兩月前接讀賜函，併南條君手書，領悉種種。彼時正當移居，忙冗萬狀，繼而老母棄世，喪事近日方畢。二三月來，未理雜務，以致久疏音候，抱歉奚如。辰維秋祺多福，至以為頌。

尊示內云：「南師遲日有書寄到」，未知曾否發來？誠恐移居之時，信局或有舛誤，祈示復為幸。茲因敝友孫君竹如欲購經籍數種，懇尊處代匯日本金三十圓，裝入敝函，寄交南條君收用。另有書一包，併求代寄，所需寄費，由孫君手奉繳。

與日本東海書

娑婆界中，共為釋迦遺教弟子，雖未把晤，而志同道合，如出一轍也。往者聞貴國印造小字藏經，遂購全部閱之，歡喜讚歎，得未曾有，惜年近衰老，尋行數墨，目力不及耳。近由南條君轉遞貴贈書目三種，拜領之餘，感謝無既。

藏外經籍百餘種，所欲得者甚多，但卷帙繁重，祇可求覓刻本耳。其略者，有刻本則購之；否則請人書寫，酬以工資，想易為力，寫出後，乞細心校對一道，以便刊印流布也。另開甲乙二單，附南條君函內。奉贈新刻內典二十本，用伸法供，祈鑒納為荷。

與日本町田書

身為顯宦而能抗志出塵，非具大丈夫作略，曷克臻此？盈盈一水，未得趨談，殊深惆悵。黎公鍾銘，已由陳君鏡清為之箋釋，寄呈台鑒。陳君，係敝處校經友也。

南條君函述西京有景裕「天竺字源」，上人擬寫一本見賜，不勝翹盼。其中梵字，請照原本影寫，以存其舊。又承代覓道林、道生等論，感荷無既。其餘藏外經籍，亦請代為尋求，苟有所遇，隨時函示，以便酌購。前聞雅意欲得敝處新刊經籍，茲將流通單內，擇大藏所無者，奉贈二百五十六本，以硃筆記於單內，裝一木箱，由南條君轉達，到時鑒收。

與日本後藤葆真書

接讀來書，洋洋數千言，得知閣下博覽群籍，融會貫通，而於台賢二家，尤能深入堂奧。惜乎！囿於先入之言，未能擺脫自由，亦出於無可如何耳。

弟所學處，總以聖言格量。合者遵之，否者置之。雖晉宋以來諸大名家，間有出入，亦必指摘。如彌勒、馬鳴、龍樹、天親等諸大菩薩，造論弘經何等嚴謹，處處以佛語為宗，故能作萬古法式也。鄙人懔遵其意，與人談論，未敢稍逞己見，偶失片言，立即救正。見人肆口妄談，壞佛正法，如三百鉾刺心、千刀萬杖打拍其身，等無有異。前此辯論之言，十方三世諸佛菩薩實共鑒臨，儻違悖佛意願，令此身碎如微塵；若契佛心，則文字語句當現於極樂世界七寶幢上，菩薩見之，歡喜讚歎，赤心耿耿，不敢默然。略舉十端以伸鄙懷，知我罪我，聽之而已。

一、報佛深恩故。釋迦如來，說法度生，流傳經教，普應群機。淨土真宗，斷章取義，直欲舉三藏教典而盡廢之，豈不孤負佛恩哉？

二、彰佛本願故。彌陀因地，發四十八願，攝受無遺。貴宗單取一願以為真實，則餘願非真實矣！既非真實，彌陀何必發此等願也？蓋佛之本願，願願真實，互攝互融，取一願為宗可也，判餘願非真實，不可也。

三、光顯教道故。如來教法，三界獨尊，一切異教所不能及，良以出世妙法，極盡精微，無有能過之者。今若將深經妙論棄而不學，則異教道理駕於佛門之上，聰明才智之士，將視佛法如弁髦，視異道為拱璧矣！

四、令法久住故。佛滅度後二千九百餘年，現當末法之初，實證者雖覺罕見，而信解觀行者不乏其人。若除稱佛名號外，一概遮盡，是行末法萬年後之道也，豈非將釋迦遺教促短七千餘年哉？

五、普被三根故。十念往生，「大經」、「觀經」皆屬下品；發菩提心，修諸功德，方生中上。今廢菩提心及諸行，是專攝下輩而不攝中上矣！根有利鈍，不可一概而論也。

六、令僧和合故。在家出家，同為釋迦弟子，同遵釋迦遺教，隨根授法，各有專修，互不相違。若是一非餘，則於大法中別闢一門，不得謂之和合矣！

七、提獎後學故。初學佛者，心志勇銳，教導無方，不進則退。若捨佛法不學，而學世法，雖有他力之信，亦恐為俗習所染，豈能與彌陀清淨光明相接耶？必於淨土三經內深究其義，知念佛一門為圓頓教中超勝之法，時有進境，方能增長信心也。

八、融攝十方故。淨土一門，為十方諸佛所共讚，十方菩薩所願往，下自凡夫，上至等覺，皆在其內。蓋凡夫心體，與諸佛法身無二無別，若執凡境與聖境判若天淵者，則不能生淨土，以佛眼所見是假名凡夫。是故生一佛土，即生十方諸佛國土，豈世俗情見所能思議者哉！

九、貫通三世故。一念念佛，全念是佛，佛無古今，念亦無古今。說自說他，方便施設，執之成對待法，不執即絕待法。絕待之法，一念融三世，新佛即舊佛。全自成他，全他即自，入平等真法界矣！

十、究竟成佛故。世出世法，不出因果二字，無因得果，不應道理。菩提心者，佛果之因也。大經三輩往生，皆以菩提心為本，接鈍根人，雖未能令其速發菩提心，亦當示以發心之相。蓋發心有二種，凡位以四弘願為發心，至信滿時，發真實菩提心，即是初發心時便成正覺。若以初住之心教凡夫發，似覺甚難，然發四弘願，即菩提之因也。往生淨土仗此因，究竟成佛亦仗此因，是以可勸而不可捨也。

來書所辯者，僅選擇集內評論之語，另有「闡教芻言」一篇，「評論真宗教旨」一卷，可向南條上人處取而閱之。

與日本龍舟書

前接惠函，備承獎譽，臨風盥誦，慼愧交併。弟一介俗流，未全道力，惟有丹心一點，可對十方諸佛。際此大法衰微，發心護教，雖粉骨碎身，在所不惜。故於前歲有「闡教芻言」及選擇集真宗教旨之辯。逮頂師二書寄到，又不能已於言，既而思之，講論佛法者，期有益於人也，聞者既不見信，則所言便為無益，若再置辯不休，豈非同於流俗爭論是非乎？故於奉到大著二冊之後，但閱其意趣所在，不贊一詞也。深知彼此志願不同，弟以釋迦遺教為歸，不敢絲毫逾越，貴宗另出手眼，獨樹一幟。雖欲強而同之，其可得乎？前於復後藤葆真君函內曾發誓言，請君取而閱之，幸甚！

信已寄去，復代彼宗立量云：「往生淨土是有法，他力信心為宗。」因云：「彌陀第十八願所成故，喻如汽機船，此量非真能立，以其廢自力，雖有汽船，誰其乘之？則知至心信樂，欲生其國者，皆係自力也。」自宗立量云：「念佛往生是有法，自力他力為宗。」因云：「因果相感故，喻如車兩輪」。

代余同伯答日本末底書

一

來書：

頃有印度婆羅門師，欲至中土傳吠檀多哲學，其人名蘇蕤奢婆弱。以中土未傳吠檀多派，而摩訶衍那之書，彼土亦半被回教摧殘，故懇懇以交輸智識為念。某等詳婆羅門正宗之教，本為大乘先聲，中間或相攻伐，近則佛教與婆羅門教，漸已合為一家，得此扶掖，聖教當為一振，又令大乘經論得返梵方，誠萬世之幸也。先生有意護持，望以善來之音相接，並為灑掃精廬，作東道主，幸甚幸甚！

末底近已請得一梵文師，名密尸邏。印度人非人人皆知梵文，在此者三十餘人，獨密尸邏一人知之。以其近留日本，且以大義相許，故每月只索四十銀圓，若由印度聘請來此者，則歲須二三千金矣！末底初約十人往習，頃竟不果，月支薪水四十圓，非一人所能任，貴處年少沙門甚眾，亦必有白衣喜學者，如能告仁山居士，設法資遣數人到此學習，相與支持此局，則幸甚。

來書呈之仁師，師復於公曰：佛法自東漢入支那，歷六朝而至唐宋，精微奧妙之義闡發無遺。深知如來在世，轉婆羅門而入佛教，不容絲毫假借。今當末法之時，而以婆羅門與佛教合為一家，是混亂正法，而漸入於滅亡，吾不忍聞也。桑榆晚景，一刻千金，不於此時而體究無上妙理，遑及異途問津乎？

至於派人東渡學習梵文，美則美矣，其如經費何？此時祇洹精舍勉強支持，暑假以後，下期學費未卜從何處飛來。惟冀龍天護佑，檀信施資，方免枯竭之虞耳。在校僧徒程度太淺，英語不能接談，學佛亦未見道，遲之二三年，或有出洋資格也。仁師之言如此。

二

仁師接尊函，朗誦一過，笑而置之。人問其故，答曰：「此信所詬厲者，與我毫無干涉，何恚之有？」復囑檢初次奉答之信稿閱之。不知見怒於台端者在何語句？信口所答，無非護法深心，師言直起直落，無絲毫委曲，尋常接人，莫不如是。弟相依三載，甘苦同嘗，學焉方知不足，外間交遊，漸形疏略，招學梵文啟，送去多紙，亦無人願往；傳吠檀多教者，縱來此間，弟亦無力接待也。

當代中國佛教大師文集1

楊仁山文集——現代中國佛教之父

主　編　洪啟嵩、黃啟霖
發行人　龔玲慧
總　監　王桂沰
執行編輯　彭婉甄、莊慕嫺
封面設計　王桂沰
美術編輯　張育甄
出　版　全佛文化事業有限公司
訂購專線：(02)2913-2199　傳真專線：(02)2913-3693
匯款帳號：3199717004240 合作金庫銀行大坪林分行
戶　名：全佛文化事業有限公司
E-mail:buddhall@ms7.hinet.net
http://www.buddhall.com
門　市　覺性會館・心茶堂／新北市新店區民權路108之3號10樓
門市專線：(02)2219-8189
行銷代理　紅螞蟻圖書有限公司
台北市內湖區舊宗路二段121巷19號（紅螞蟻資訊大樓）
電話：(02)2795-3656　傳真：(02)2795-4100
初　版　二〇二〇年六月
定　價　新台幣三八〇元
ISBN　978-986-98930-2-2(平裝)

國家圖書館出版品預行編目資料

楊仁山文集：現代中國佛教之父／
洪啟嵩、黃啟霖 主編 -- 初版.--
新北市：全佛文化, 2020.06 面；公分.
-(當代中國佛教大師文集系列；1)
ISBN 978-986-98930-2-2(平裝)

1. 楊仁山 2.學術思想 3.佛教
220.9207　　109006876

Buddhall

Published by BuddhAll Cultural Enterprise Co.,Ltd.

BuddhAll

BuddhAll.

All is Buddha.

BuddhAll